spírito
e Negócios

rrie
ason-Draffen

Aprenda a arte de controlar as conversas difíceis ■
Consiga enfrentar conflitos e mediar disputas ■
Saiba encorajar a comunicação ■

Como gerir pessoas difíceis

Actual Editora
Conjuntura Actual Editora, L.da

Missão
Editar livros no domínio da Gestão e Economia e tornar-se uma editora
de referência nestas áreas. Ser reconhecida pela sua qualidade técnica,
actualidade e relevância de conteúdos, imagem e *design* inovador.

Visão
Apostar na facilidade e compreensão de conceitos e ideias
que contribuam para informar e formar estudantes, professores, gestores
e todos os interessados, para que, através do seu contributo, participem
na melhoria da sociedade e gestão das empresas em Portugal
e nos países de língua oficial portuguesa.

Estímulos
Encontrar novas edições interessantes e **actuais** para as necessidades
e expectativas dos leitores das áreas de Economia e de Gestão.
Investir na qualidade das traduções técnicas. Adequar o preço
às necessidades do mercado. Oferecer um *design* de excelência
e contemporâneo. Apresentar uma leitura fácil através de uma
paginação estudada. Facilitar o acesso ao livro, por intermédio
de vendas especiais, *website*, *marketing*, etc.
Transformar um livro técnico num produto atractivo.
Produzir um livro acessível e que, pelas suas características,
seja **actual** e inovador no mercado.

Como gerir pessoas difíceis

Carrie Mason-Draffen

ACTUAL EDITORA
www.actualeditora.com
Lisboa – Portugal

Actual Editora
Conjuntura Actual Editora, L.da
Caixa Postal 180
Rua Correia Teles, 28-A
1350-100 Lisboa
Portugal

TEL: (+351) 21 3879067
FAX: (+351) 21 3871491

Website: www.actualeditora.com

Título original: *151 Quick Ideas to Deal With Difficult People*
Copyright © 2007 de Carrie Mason-Draffen
Edição original publicada por Career Press.

1.ª edição – Setembro 2007
2.ª edição – Novembro 2007

Todos os direitos para a publicação desta obra em Portugal reservados
por Conjuntura Actual Editora, L.da
Tradução: Inês Hasselberg
Revisão: Sofia Ramos e Marta Pereira da Silva
Design da capa: Engage, Itália.
Paginação: Nuno Guedelha
Gráfica: Guide – Artes Gráficas, L.da
Depósito legal: 266537/07
ISBN: 978-989-8101-11-2

Nenhuma parte deste livro pode ser utilizada ou reproduzida, no todo ou em parte, por qualquer processo mecânico, fotográfico, electrónico ou de gravação, ou qualquer outra forma copiada, para uso público ou privado (além do uso legal como breve citação em artigos e críticas) sem autorização prévia por escrito da Conjuntura Actual Editora.
Este livro não pode ser emprestado, revendido, alugado ou estar disponível em qualquer forma comercial que não seja o seu actual formato sem o consentimento da sua editora.

Vendas especiais:
O presente livro está disponível com descontos especiais para compras de maior volume para grupos empresariais, associações, universidades, escolas de formação e outras entidades interessadas. Edições especiais, incluindo capa personalizada para grupos empresariais, podem ser encomendadas à editora. Para mais informações, contactar Conjuntura Actual Editora, L.da.

Índice

Como utilizar este livro	13
PARTE I – Política da Empresa	**15**
Capítulo 1: **Regras básicas**	**17**

- Uma política de "tolerância zero" — 18
- Estabelecer um sistema para apresentar queixas — 19
- Não estenda as repreensões a todos — 20
- Acabe com os roubos — 20
- Oferecer opções, e não apenas objecções, aos desordeiros — 21
- Um colaborador difícil não deve ser protegido — 23
- Faltas inesperadas — 24
- Romances no escritório — 25
- Apresentação e imagem na empresa — 26
- Utilização inapropriada do computador e da Internet — 27
- Atribuir funções bem definidas — 28
- Conquistar toda a sua equipa — 29
- Eliminar o assédio — 30
- Ir trabalhar doente — 31
- Saber quando consultar um advogado ou outros especialistas — 32

Capítulo 2: **Cultura** — **35**

- Não espere pela "Revolta do Chá" — 36
- Não promova a mediocridade — 37
- O escritório não é uma creche — 38
- Incentive a formação — 39
- Exija formação em sensibilidade — 39
- Desencorajar os viciados no trabalho — 40
- Comemore as transformações — 41
- Desencoraje as piadas racistas — 42
- Conhecer os direitos no local de trabalho — 43
- Manter privadas as conversas telefónicas delicadas — 44
- Dar uma ajuda — 45
- Conhecer o eremita do escritório — 46
- Quando levar a cabo uma acção judicial — 47

PARTE II – Autodesenvolvimento   **49**

Capítulo 3: **Competências pessoais**   **51**
- O que está em jogo?   52
- Dominar a arte das conversas difíceis   53
- Não tenha receio de criticar os gestores problemáticos   54
- Evite as reacções instintivas   55
- Não se deixe impressionar pelas "estrelas"   55
- Saber desistir   56
- Interpretar papéis antes do confronto directo   57
- Imagine o sucesso   58
- Recuperar de uma queda   59
- Fortalecer capacidades   60
- Escolher as batalhas   61
- Restaurar a confiança   62
- Rituais para ajudar a superar   63
- Torne-se líder   64
- Apele aos seus pontos fortes   65
- Não está sozinho   66
- Reúna um *kit* emocional de primeiros socorros   67

Capítulo 4: **Organização do trabalho/empresa**   **69**
- Seguir um plano de acção   70
- Procure o conselho de outros empresários   71
- Documente encontros difíceis   72
- Ser inteligente a contratar   73
- Ser inteligente a despedir   74
- Dar o exemplo   75
- Socorro! Como encontrar um advogado   76
- Recorrer a um PAC   77
- Variar as tácticas   78
- Prestar atenção às diferenças entre gerações   78
- Procurar conselhos de um colega   80
- Peça reforços   81
- Prepare-se para uma reunião com o chefe   81

Capítulo 5: **Gestão interpessoal**   **83**
- Pedir reciprocidade   84
- Ser um bom ouvinte   84
- Experimentar o humor   86
- Transmita confiança na capacidade para mudar   87
- Seja sincero   88
- Pedidos irracionais para iniciar conversas   89
- Não passe por cima dos seus gestores   90
- Por que é importante um pedido de desculpas   90

- Não leve as discussões a peito   91
- A arte de ripostar   92
- Prestar atenção   93
- Admitir quando está errado   94
- Agora é você o chefe   95

Capítulo 6: **Equilíbrio entre vida pessoal e profissional**   **97**
- Não leve para casa os problemas relacionados com as pessoas difíceis   98
- Fazer uma pausa   99

PARTE III – Gerir os outros   **101**

Capítulo 7: **Sobreviver no dia-a-dia**   **103**
- Encorajar os gestores a comunicar problemas   104
- Verifique se as equipas têm pontos de tensão   104
- Sugerir melhores hábitos de trabalho   105
- Uma chamada de atenção para os que se atrasam   106
- Relembre aos colaboradores a cadeia de comando   107
- Não deite mais achas para a fogueira   108
- Não deixe que as "P.D.s" o deitem abaixo   109
- O telemóvel e o que nos aflige   110
- Não deixe que um colega agressivo destrua a sua reunião   111
- Rejeite *e-mails* ofensivos   112
- Mude de lugar se tiver que ser   113
- Rancor e companheiros de viagem? Siga em frente   114
- Divirta-se apesar dos objectores   114
- Perfeição   115
- Onde está o meu agrafador?   116
- Concentre-se no bem   117
- Quando a melhor estratégia é seguir em frente   118

Capítulo 8: **Relações com e entre colegas**   **121**
- Aprenda tudo sobre lidar com colaboradores difíceis   122
- Desenvolver uma solução em conjunto   123
- Certifique-se de que o colaborador compreende   124
- Agradecer a cooperação   125
- Reconheça os colaboradores que neutralizam situações tensas   126
- A carga de trabalho está equilibrada?   127
- Não se esqueça dos seus outros colaboradores   128
- Pedir a um colega que limpe o seu local de trabalho   129
- Falar com um colega sobre a falta de higiene   130
- Fazer com que os colegas respeitem o seu tempo   131

- Descubra o defeito do colega que procura constantemente defeitos nos outros — 132
- Quando um colega se recusa a cooperar — 133
- Modere a crítica com elogios — 134
- Cuidado com o confidente falso — 135
- Insista no respeito — 135
- Torne-se um mediador entre colegas — 136
- Quando um colega não paga o que deve — 137
- Cuidado com os que lêem pensamentos — 138
- Cuidado com o manipulador — 139
- Alerta vermelho: um colega menospreza-o em frente ao chefe — 140
- O colega supersensível — 141
- Quando lhe é pedido que ponha em ordem o relatório de um colega — 142
- Cuidado com os minimizadores — 143
- Quando um oponente pede um favor — 144
- Lidar com os que exageram na bebida — 145
- Pedir a um colega gestor que respeite os seus subordinados — 146
- O colega que desaparece — 147
- Quando um colaborador problemático se torna o seu chefe — 148
- Chegou a "roseira" — 149
- Diga que não ao vendedor do escritório — 150
- Se o chefe pedir, faça uma avaliação honesta de um colega — 151

Capítulo 9: **Controlar situações mais problemáticas** — **153**
- Não deixe que as pessoas difíceis estabeleçam o ritmo do escritório — 154
- Domine os familiares difíceis — 155
- Lidar com a resistência às horas extraordinárias — 156
- Lidar com os "coleccionadores de informação" — 157
- Quando um colaborador ameaça violência — 158
- Analise as chamadas telefónicas atendidas por colaboradores difíceis — 159
- Encoraje os colaboradores a contarem-lhe sobre colegas com problemas — 160
- Explore as entrevistas de saída — 161
- Quando os colaboradores resistem à mudança — 162
- Lidar com o final desagradável de um romance entre colaboradores — 163
- Utilize a avaliação como um modelo de transformação de colaboradores problemáticos — 164

- Quando os colaboradores pedem dinheiro emprestado — 165
- Peça aos desrespeitosos para se auto-avaliarem — 166
- Confronte os desordeiros nos seus termos — 167
- Desafie o queixoso crónico — 168
- Como lidar com uma festa de aniversário surpresa — 169
- Um almoço terrível — 170
- Lidar com quem interrompe constantemente — 171
- Certifique-se de que o chefe conhece a sua versão da história — 172

Capítulo 10: Terminar com os rumores e os boatos — **173**
- Acabe com os mexericos dos gestores sobre os colaboradores — 174
- Desencoraje os intriguistas — 175

Capítulo 11: Devolva a paz à sua empresa — **177**
- Forme os seus gestores na arte das conversas difíceis — 178
- Quando um colaborador problemático entrega a carta de demissão — 179
- Retire um elemento da equipa, caso necessário — 180
- Corte pela raiz o favoritismo dos gestores — 181
- Transfira os gestores agressivos — 182
- Estabeleça regras para reuniões de equipa conflituosas — 183
- Revelar os traiçoeiros — 184
- Controle as invejas — 185
- Se tiver que ser, evite tópicos controversos — 186

Sobre a autora — 188

Como utilizar este livro

Cada sugestão deste livro foi seleccionada para o ajudar directa ou indirectamente a enfrentar conflitos e a mediar disputas, a encorajar a comunicação e a acabar com as conversas difíceis, e a identificar e a resolver os problemas antes de estes acontecerem.

Não tente implementar todas estas sugestões de uma só vez, porque algumas não vão fazer sentido nesta altura. Depois de as ler, seleccione apenas aquelas que podem realmente fazer a diferença. Categorize-as:

- As que são para implementar agora.
- As que são para rever outra vez dentro de 30 dias.
- As que são para passar para o/a _____.

Envolva a sua equipa na selecção e implementação destas sugestões e não se esqueça de lhes dar crédito pelo seu sucesso! Invista em mais cópias deste livro e distribua-as pela sua equipa. Envolva todos na selecção e recomendação de várias ideias.

Volte a este livro passados 90 dias. À medida que a sua empresa muda, irá encontrar novas recomendações que poderão ter mais utilidade numa altura em que a concorrência está a aumentar.

Lembre-se: Todas as ideias deste livro foram testadas em empresas por todos os EUA e por todo o mundo. Funcionaram com os outros e irão funcionar consigo!

(parte I)
Política da empresa

(1)
Regras básicas

Neste capítulo irá aprender:

- princípios que deve promover
- faltas, assédios e doença: o que fazer nestas situações
- a importância de definir as funções de cada colaborador

Uma política de "tolerância zero"

Perante colaboradores problemáticos, a sua ferramenta mais importante é uma política de "tolerância zero". Estabelecer uma tal política – e mantê-la – garante que irá lidar consistentemente e de uma forma decisiva com comportamentos inapropriados.

Aderir a esta política é determinante. Uma grande empresa de Nova Iorque recorreu à sua política de "tolerância zero" para se defender num processo de assédio sexual apresentado por uma colaboradora. Mas porque não seguiu as suas próprias regras, uma agência federal decidiu a favor da queixosa.

> **Tarefa**
> Elabore uma versão em tamanho pequeno da sua política de "tolerância zero". Distribua cópias plastificadas aos colaboradores.

A sua política de "tolerância zero" deve esclarecer que as regras se aplicam a todos, desde os executivos aos porteiros. Esta política requer que se dê a todas as acusações de comportamento inapropriado toda a atenção, mesmo que estas digam respeito ao seu "vendedor-estrela".

Deve certificar-se de que todos na empresa conhecem esta política. Distribua cópias e exija que os colaboradores assinem e remetam uma carta a confirmar que a receberam.

Peter Handal, *president* e CEO da Dale Carnegie Training em Hauppauge, Nova Iorque, afirmou que, devido à sua importância, as políticas de "tolerância zero" devem ser comunicadas por mais do que um meio: num manual, via *e-mail* e em reuniões. Recomenda que se consultem novamente estas políticas pelo menos de seis em seis meses.

"Se apenas falar sobre estas coisas uma vez por ano, os colaboradores irão pensar que não são muito importantes", diz Carnegie. "Torna-se repetitivo, mas é a forma de captar a mensagem."

> Uma política de "tolerância zero" é como uma bússola moral: se ignorar a direcção que ela aponta, irá perder-se.

Estabelecer um sistema para apresentar queixas

Os tribunais apreciam que as empresas estabeleçam procedimentos para identificar e lidar com as queixas dos seus colaboradores. A elaboração dessas políticas reflecte o quanto a empresa leva a sério a resolução de conflitos de pessoal, e essa percepção pode ser a diferença entre a vitória e a derrota num processo judicial.

Se a sua empresa for grande, estabeleça uma linha directa para os colaboradores que queiram apresentar queixa de um gestor agressivo ou de um colega que costuma desviar material, mas que queiram permanecer anónimos. Quer o seu negócio seja grande ou pequeno, nomeie alguém, como um gestor de recursos humanos ou um supervisor, para recolher e dar seguimento a essa informação, que deverá manter-se confidencial.

Tarefa
"Está com um problema? Nós oferecemos a solução." Afixe esta mensagem pelo escritório.

Procedimentos formais para queixas fornecem um sistema de equilíbrio de poder perante comportamentos inaceitáveis. O sistema pode ajudá-lo a chegar ao problema antes que este se propague.

> Certifique-se de que a estrutura da sua empresa inclui um sistema formal para queixas dos colaboradores.

Não estenda as repreensões a todos

Um gestor que gostava de impressionar os chefes decidiu que iria castigar "aqueles que gastam muito" e retirou as toalhas de papel dos lavabos da empresa. Sem preparar a equipa, retirou os distribuidores de toalhas de papel e instalou secadores para as mãos. Depois de o fazer, explicou que alguns colaboradores estavam a gastar demasiado papel. Com os secadores, argumentava, a empresa pouparia em papel e em custos de limpeza.

A decisão foi um fracasso absoluto. No seu zelo em castigar todos pelos pecados de alguns, o gestor não pensou nas consequências das suas acções. Os colaboradores ficaram sem toalhas para limpar manchas de café ou nódoas da sua roupa. Surgiram ondas de protesto. O gestor redimiu-se e devolveu as toalhas de papel.

> **Tarefa**
> Convoque um grupo composto por gestores e seus subordinados para resolver um problema que esteja a incomodar muitos no escritório.

Os colaboradores raramente aceitam soluções universais para um problema. A abordagem é sentida mais como um castigo do que como uma solução. Tente sempre adaptar a sua mensagem ao problema. Se alguns dos colaboradores desperdiçam muito, centre a sua mensagem neles. Afixe um cartaz lembrando-lhes que não devem desperdiçar o papel. Provavelmente ficaria surpreendido com a sua disposição para cooperar.

> Soluções únicas para os problemas raramente se revelam eficazes a longo prazo.

Acabe com os roubos

Uma contabilista viciada em bilhetes de lotaria declarou-se culpada de desviar 2,3 milhões de dólares de um consultório médico.

Conseguiu servir-se do dinheiro dos chefes durante mais de três anos, porque era a única contabilista.

Não é raro que seja apenas uma pessoa a lidar com operações--chave em pequenas empresas. É por isso que estas são uma presa fácil para ladrões internos. Os empresários muitas vezes confiam de mais ou estão demasiado ocupados a gerir os seus negócios para dar prioridade a medidas anti-roubo. Apesar de a maioria dos colaboradores ser honesta, é fundamental que se certifique de que a sua empresa não é vulnerável aos que não o são.

> **Tarefa**
> Partilhe com a sua equipa as consequências dos roubos nos resultados da empresa.

A Administração Norte-americana para as Pequenas Empresas* sugere algumas medidas simples: divida tarefas cruciais como o inventário e a contabilidade por vários elementos da equipa. Estabeleça um programa de consciencialização dos colaboradores para os ajudar a detectar furtos e elabore uma política clara sobre o crime e o castigo.

Quaisquer que sejam as medidas que tome, considere-as como meros suplementos de "vigilância à moda antiga".

> Nunca permita que a confiança anule a vigilância.

Oferecer opções, e não apenas objecções, aos desordeiros

Os desordeiros do local de trabalho são adultos que nunca ultrapassaram a "Idade terrível dos dois anos" e, tal como as crianças que atravessam essa fase inquietante da vida, os desordeiros acre-

---

* **N. T.** No original, U.S. Small Business Administration.

ditam que conseguem ter o que querem com comportamentos de *acting out**. Ao lidar com colaboradores desordeiros, a sua função como líder é mostrar-lhes meios mais eficazes para a resolução de conflitos.

"O sucesso e a auto-estima consistem em saber que se tem escolhas," escreve Brian DesRoches em *Your Boss Is Not Your Mother: Creating autonomy, respect and sucess at work.* "Sempre que tiver escolhas na forma como se relaciona com os outros, a sua capacidade para controlar e dirigir a sua vida aumenta significativamente."

Tarefa
Num cartão, anote este conselho como inspiração: "Regra Um: há sempre uma maneira. Regra Dois: há sempre outra maneira".

Se um desordeiro for, de resto, um colaborador valioso, então considere opções para o ajudar. Uma forma poderá ser exigir que ele se encontre algumas vezes com um gestor de recursos humanos para falar sobre técnicas de controlo da raiva. Se isso não for possível, poderá também insistir para que o colaborador assista a algumas sessões externas sobre comunicação não violenta, pagas pela empresa. Mesmo relativamente à correcção do comportamento de um desordeiro, o lema é "opções".

> Os desordeiros colocam-se a si próprios e aos outros entre a espada e a parede. Ajude-os a encontrar uma saída.

---

* **N. T.** *Acting out* é a designação ao nível da Psicologia para a realização de uma acção que exteriorize conflitos emocionais, incluindo gritar, berrar, implicar com os outros, lutar, partir/estragar coisas.

Um colaborador difícil não deve ser protegido

É fácil cair na armadilha de "pai no trabalho". Pode sentir uma grande afinidade por um colaborador jovem e ambicioso, porque ele andou na sua universidade e o seu carisma e as suas grandes ideias deixam-no impressionado. Quando ele se recusa a fazer uma tarefa que considera abaixo da sua condição, até pode deixar passar. Pode dizer ao supervisor dele para encontrar algo mais merecedor do talento do seu protegido. Se assim fizer, estará a agir como pai ou mãe, e não a liderar.

Jason estava ansioso por assumir um cargo de gestão. Tinha--se tornado grande amigo de um executivo de topo que estava impressionado com a sua formação na Ivy League* e as suas excelentes competências organizacionais. O chefe de Jason, um gestor intermédio, pediu-lhe que assumisse um projecto. Apesar de Jason ser relativamente novo na empresa, ele considerou que o trabalho estava abaixo da sua condição. Sentiu que a tarefa iria atrasar a possibilidade de vir a assumir uma posição de gestão. Queixou-se ao seu mentor, o executivo, e este, por sua vez, pediu ao gestor que desse o projecto a outra pessoa. Mas o colaborador que o assumiu sentiu que lhe entregavam os projectos que mais ninguém queria.

> **Tarefa**
> Certifique-se de que o chamado "trabalho chato" é distribuído uniformemente.

Se um colaborador é tão especial, isso deve significar que consegue assumir qualquer tarefa e realizar um bom trabalho. É claro que tem de desafiar os colaboradores brilhantes com bons projectos, mas eles não devem ser protegidos do trabalho que todos os outros têm de fazer. Se der por si a sair frequentemente do seu caminho para acolher os desejos de um colaborador exigente "pseudobrilhante", estará a agir mais como o "Papá" do que como o Gestor.

---

* **N. T.** Grupo de universidades norte-americanas de elevado prestígio e grande nível académico: Harvard, Brown, Cornell, Yale, Princeton, Pensilvânia, Dartmouth e Columbia.

> Não se comporte como um pai ou uma mãe: lidere.

Faltas inesperadas

"Antes de um feriado nacional, fui investigar se muitas empresas planeavam ou não fechar os escritórios na véspera, uma segunda-feira, para dar aos seus colaboradores um fim-de-semana prolongado. Se não estivessem a planear 'dar a ponte', era importante saber se estavam a preparar-se para as faltas", explica um gestor. Uma das respostas que conseguiu foi a seguinte: "Esse problema parece-me um pouco estranho. Somos um grupo muito unido e nunca faríamos isso uns aos outros," comentou uma gestora.

Algumas empresas matariam por este tipo de camaradagem no trabalho, especialmente se evita as faltas. Em vez disso, muitos empregadores dão por si a empreender uma guerra dispendiosa contra o absentismo.

Tarefa
Envie mensagens a relembrar a sua política de baixa.

A empresa de estudos de negócios CCH estima que as faltas sem aviso prévio, e pagas, custam a algumas grandes empresas quase um milhão de dólares por ano. No entanto, apenas 35 por cento das faltas dos colaboradores envolvem doenças, diz a CCH.

Se é dono de uma pequena empresa, sabe como apenas uma falta sem aviso prévio pode lançar uma confusão no seu dia-a-dia. Assim que suspeitar que alguém anda a abusar da sua política de baixa, partilhe com o colaborador as dificuldades que o escritório enfrenta quando ele não aparece no trabalho. Pergunte se uma hora de entrada mais tardia ou se outra adaptação o iria ajudar a não faltar e torne claro que a baixa é para quem está doente.

> Ausências inesperadas criam o caos na linha da frente e nos resultados.

Romances no escritório

Uma chefe que praticava a abstinência alcoólica queria proibir que os seus colaboradores bebessem em viagens de negócios, mesmo depois do trabalho. Escreveu-me a perguntar se um tal procedimento seria legal. É arriscado, porque nos EUA alguns Estados têm leis que proíbem os empregadores de interferir na vida dos seus colaboradores fora das horas de trabalho.

Mas o que se passa no seu escritório já é outra questão. A primeira consideração a ter relativamente a qualquer comportamento que ache inaceitável é ver se este interfere ou não com os negócios.

Tarefa
Inclua nos programas de formação discussões sobre as desvantagens de casos extraconjugais.

Dois colegas solteiros que namoram podem não ser uma preocupação, mas um gestor que tem um caso com uma subordinada, especialmente se for extraconjugal, pode revelar-se uma distracção "cara" para o escritório. O gestor vai ser objecto de intrigas constantes e os colaboradores irão interpretar as atitudes que ele tem para com a sua amante como algum tipo de favoritismo. A namorada, se for rejeitada, pode ficar zangada o suficiente para acusar o gestor de assédio sexual.

Mesmo que não tenha uma política contra o namoro – e 90 por cento das empresas não têm, segundo o *site* de emprego *on-line Vault.com* – tem de agir antes que uma relação interfira com os negócios.

(26) Como gerir pessoas difíceis

> Não pode matar o Cupido, mas pode melhorar o seu comportamento nas empresas.

Apresentação e imagem na empresa

Algumas empresas tentaram dar aos seus colaboradores mais liberdade no vestuário com as "Casual Fridays"*, mas alguns colaboradores tornaram-se tão desleixados que as suas empresas terminaram com esta relativa liberdade de vestuário.

Segundo o *Wall Street Journal*, a Nationwide Insurance alterou recentemente as suas regras de vestuário para banir *tops* curtos que exibem a barriga, *t-shirts* e chinelos. Uma outra grande companhia de seguros restringiu de tal forma as suas regras de vestuário que até os colaboradores de serviço de apoio ao cliente, que nunca se encontram pessoalmente com o cliente final, não podem usar ténis no trabalho.

Tarefa
Contrate um consultor de imagem para dar dicas aos colaboradores sobre como se vestir profissionalmente. Faça com que esta consulta seja voluntária para os colaboradores.

Tem o direito de exigir que os colaboradores se vistam de forma a reflectir um ambiente profissional e as suas expectativas devem ser registadas num código de conduta e distribuídas pelos colaboradores. Violações e reacções devem estar explícitas. Deve evitar exigências extremas que violem os direitos cívicos dos colaboradores que se vestem de acordo com a sua religião ou cultura. Mesmo assim, tem bastante espaço de manobra para conseguir que os seus colaboradores tenham uma imagem certa dos profissionais que devem ser.

---

* **N. T.** "Sextas-feiras informais".

> Certifique-se de que a imagem do seu escritório não está ameaçada.

Utilização inapropriada do computador e da Internet

Em apenas uma semana, os 7.700 colaboradores do Ministério do Interior dos EUA fizeram mais de um milhão de visitas a *sites* de jogos e de leilões, apesar da proibição de tais actividades. O tempo passado nos *sites* contabilizou duas mil horas de produtividade perdidas numa única semana e um potencial de mais de cem mil horas por ano, segundo um relatório que descrevia o abuso.

Estas constatações são importantes porque nos lembram da "faca de dois gumes" em que a Internet se tornou. Melhora o trabalho, mas também desvia a atenção. Certifique-se de que a sua política é transparente no que respeita à forma como os colaboradores põem o seu negócio em risco quando visitam *sites* não autorizados durante o trabalho e quais são as consequências.

Tarefa
De vez em quando, recorde na revista mensal da empresa o custo elevado da utilização abusiva da Internet.

A sua empresa pode ser processada por assédio sexual. Ou pode ser trazida à atenção do público porque um colaborador usou o computador da empresa para aceder a pornografia infantil. Alguns empregadores baniram o uso do computador para qualquer coisa que não seja o trabalho, mesmo durante a hora de almoço. Outros permitem um uso "discreto".

Estabeleça uma política que faça sentido no seu escritório. Não deve castigar todos por causa de algumas "ovelhas negras". Recorra à ajuda da sua equipa de informática ou contrate um especialista para verificar se há uma violação da política no seu sistema.

> Controle os que abusam da Internet, através de uma política bem definida e da sua aplicação.

Atribuir funções bem definidas

Uma das afirmações mais incriminatórias que um colaborador pode pronunciar é: "Essa não é a minha função". Este é um colaborador que está completamente desligado da empresa. Quem assume esta posição não faz um esforço extra para atender um telefone ou ajudar um cliente. Está demasiado ocupado a decidir o que é que não irá fazer.

Uma forma de travar este tipo de declarações que arrasam a produtividade é certificar-se de que fornece aos seus colaboradores uma descrição escrita da sua função. Os colaboradores conscienciosos contribuem sempre. Mas, quanto aos menos cooperantes, terá de lhes explicar aquilo que precisa deles.

Tarefa
Procure tarefas na sua empresa que não estejam claras e adicione-as a uma descrição de função.

Se necessita que colaboradores que não são da área administrativa atendam o telefone de vez em quando, coloque isso na descrição. Se precisa que trabalhem até mais tarde alguns dias para ajudar a tratar dos clientes mais atrasados, então diga-o. Pague-lhes as horas extra. Muitas empresas criam os "Essa não é a minha função" ao atribuírem sorrateiramente trabalho extra sem pagarem aos colaboradores esse tempo. Assim, até os colaboradores mais leais irão começar a reclamar.

Reveja com frequência as descrições de função e altere-as de forma a que reflictam quaisquer obrigações extra que um colaborador tenha assumido. Uma descrição de função sólida mantém-vos, a si e aos seus colaboradores, sinceros sobre o que uma função realmente implica. Vai dar-lhe confiança para dizer: "Sim, é a sua função".

> Se quer que um trabalho seja feito, coloque-o na descrição de função.

Conquistar toda a sua equipa

A teoria actual do mundo dos negócios tem bastantes histórias sobre os fanáticos da redução de custos que são tão bons a despedir colaboradores, que até o seu próprio emprego se torna supérfluo e também desaparece.

Qualquer um pode reduzir pessoal e as reduções nem sempre têm os resultados esperados. Mas, para fazer crescer uma empresa é necessário talento e visão. Esse processo começa com a sua equipa. E é claro que pode dispensar continuamente os colaboradores problemáticos.

Mas, em alternativa, pode investir neles até considerar que definitivamente não têm salvação. Por que é que haveria de o fazer? Quando investe em qualquer elemento da sua equipa, aumenta as probabilidades de sucesso dele e, por conseguinte, as suas. Além disso, se souber como aperfeiçoar a sua equipa, irá estar muito à frente de muitas empresas.

Tarefa

Escreva isto num cartão e recorra a ele para inspiração: "A liderança parece ser a arte de fazer com que os outros queiram fazer algo que você está convencido que deve ser feito" – Vance Packard.

A Wegmans, uma cadeia de supermercados sediada em Rochester, Nova Iorque, é lendária pelo seu serviço ao cliente, e sabe a importância de se investir nos colaboradores. O seu *chairman*, Robert Wegman, atribui a boa reputação da empresa no serviço ao cliente ao investimento na sua força de trabalho. "Independentemente do que investimos nos nossos colaboradores, recebemos mais. Eu sempre acreditei que o nosso caminho para um óptimo serviço ao cliente começava com esse investimento."

Os colaboradores são o seu recurso mais importante e todos os que se encontram na sua folha de pagamentos devem contribuir para o sucesso da sua empresa. Como líder, o seu trabalho é fazer com isso aconteça.

> Se quer obter um ganho maior dos seus colaboradores, invista neles.

Eliminar o assédio

Uma gestora confessou em segredo a uma amiga que estava a ser incomodada com convites insistentes de um colega de trabalho para ir a sua casa. Ela, que era casada, nunca tinha demonstrado interesse em visitá-lo e sentia-se ofendida com os seus pedidos. A amiga sugeriu-lhe que ela lhe dissesse que tinha de verificar quando é que o marido estaria disponível. Isso animou-a.

Quando um colega fizer comentários inapropriados, passe à ofensiva e responda com algo que ele não queira ouvir, especialmente algo que envolva um marido ou namorado. Conhecemos muitas histórias de mulheres que sofreram em silêncio depois de um golpe de assédio. Poderá acabar por pedir ajuda a um gestor. Mas, até o fazer, quando aquele que a assedia lhe atirar com algo inesperado, responda-lhe logo com algo igualmente inesperado.

Tarefa
Peça à sua empresa que convide um perito para falar sobre as leis do assédio sexual.

Lembre aos que assediam que o comportamento deles é ilegal e lhes poderá custar o emprego. Pergunte-lhes se querem que lhes envie mais informação sobre isso por *e-mail*. Como é óbvio, se o assédio avançar para contactos físicos inapropriados, faça imediatamente queixa desse comportamento a um supervisor. A outra possibilidade é marcar uma posição e transmitir a quem a está a assediar que você não é um alvo fácil.

> Coloque na defensiva os que assediam sexualmente ao dizer-lhes aquilo que eles não querem ouvir.

Ir trabalhar doente

Os colaboradores que vêm trabalhar doentes estão muitas vezes equivocados. "Tenazes" e "dedicados" é como eles poderão descrever os seus próprios esforços. Mas, cada vez mais os seus colegas e outros usariam termos bastante diferentes. Os economistas chamam a esta persistência tenaz "presentismo," e este custa às empresas uma fortuna em perdas de produtividade.

As perdas de produtividade no trabalho devido ao "presentismo" totalizam 60 por cento dos custos totais dos empregadores relacionados com as doenças dos colaboradores, segundo um estudo conjunto da Universidade de Cornell e da empresa de informação de saúde Medstat.

Por vezes, os colaboradores arrastam-se para o trabalho porque já esgotaram os seus dias de baixa ou porque a empresa não confiaria neles. Mesmo assim, sugira educadamente aos colaboradores doentes que fiquem em casa para que possam recuperar. Faça ver que além de se arriscarem a infectar outros, também não irão conseguir trabalhar bem.

Tarefa
Se a sua empresa concede poucos dias de baixa, peça autorização para iniciar um fundo que permita que aqueles que têm dias de baixa por usar possam doar alguns aos que estão doentes e não têm mais dias de baixa para tirar.

Se os colaboradores insistem em ir trabalhar com febres altíssimas ou tosses graves, fale com um gestor. Encare mesmo essa conversa como uma oportunidade para interceder por mais dias de baixa. Talvez a sua empresa precise de oferecer mais dias de baixa para manter o escritório "saudável".

> "A cura é uma questão de tempo, mas por vezes é também uma questão de oportunidade" – Hipócrates.

Saber quando consultar um advogado ou outros especialistas

Kevin, um gestor, estava farto dos colaboradores que se despediam sem aviso prévio. Uma colaboradora entregou a sua carta de demissão duas horas antes de ter que se apresentar ao trabalho. Ele ficou tão furioso que estabeleceu uma política para castigar estes colaboradores irresponsáveis. Perderiam o seu último salário se se despedissem sem o aviso prévio adequado. Mas, antes de adoptar a política, escreveu-me a perguntar se era legal. Infelizmente para ele, não era.

As políticas que surgem devido a alguma situação desagradável normalmente não resultam. A proposta de Kevin iria violar as leis do trabalho. Os colaboradores remunerados à hora, como era o caso daquela colaboradora, têm que ser pagos por todas as horas que trabalharam.

Tarefa
Escreva isto num cartão como um aviso: "Se não foi cuidadosamente examinado, não aposte nele".

Sugeri, em vez disso, que ligasse o direito a férias ao aviso prévio. Os colaboradores que estivessem de saída e que tivessem férias para gozar poderiam reclamá-las apenas se tivessem dado um aviso prévio aceitável.

Se planeia medidas drásticas com a sua política, examine-as cuidadosamente antes de agir. Consulte um advogado ou outro especialista em trabalho, ou a delegação local do Ministério do Trabalho e da Solidariedade Social. Se um colaborador irreverente lhe pode dar uma dor de cabeça, políticas de correcção que não foram examinadas cuidadosamente podem provocar-lhe enxaquecas.

> Antes de estabelecer uma nova política dirigida a colaboradores problemáticos, consulte especialistas em questões do trabalho para se certificar de que esta é legal.

(2)
Cultura

Neste capítulo irá aprender:

- quais os tipos de comportamento que deve limitar
- que tipo de atitudes deve promover
- como pequenos acidentes podem influenciar a cultura da sua empresa

Não espere pela "Revolta do Chá"*

Se um colaborador pedir a sua ajuda para lidar com um colega difícil, investigue o assunto imediatamente e sugira uma solução. Pior do que um colaborador problemático é um gestor que não aborda os conflitos internos do seu escritório. Este não confronta os desordeiros ou sabotadores, porque acredita que tanto os problemas como as pessoas se irão autocorrigir.

Quando opta por não fazer nada está a aumentar o problema e, pior ainda, perde credibilidade perante os seus subordinados. Se estiver envolvido numa equipa, os elementos podem fazer justiça pelas suas próprias mãos, tal como os colonos que protagonizaram a "Revolta do Chá", há mais de 200 anos atrás, em resposta ao facto de o Rei Jorge se ter recusado a corrigir o problema da cobrança de impostos sem representação.

Tarefa
Se um colaborador lhe pedir que intervenha numa disputa, não o deixe à espera. Marque uma data para uma reunião de acompanhamento assim que possível.

Com uma reputação de chefe do tipo "não faz nada", os rebeldes no escritório irão recusar-se a cooperar. E irão recusar-se a continuar a fazer o trabalho extra que foi possivelmente o que lhe valeu a si, à partida, a sua promoção para a gestão. Na pior das hipóteses, os colaboradores exasperados irão ter com o seu chefe para os ajudar. Se isso acontecer, tal como aconteceu com o Rei Jorge que teve de renunciar às colónias, o seu poder irá ser reduzido para sempre.

Nenhuma empresa precisa de um gestor que não gere. Essa abordagem danifica o moral e a produtividade. Por isso, quando as queixas aparecerem, vá buscar uma "chávena de chá" e comece a trabalhar num plano de ataque.

---

* **N. T.** A 16 Dezembro de 1773, como forma de protesto à política de impostos britânica, os colonos americanos destruíram as cargas de chá vindas de Inglaterra no porto de Boston – evento que ficou conhecido como "a revolta do chá" (*Boston Tea Party* em Inglês).

> Parafraseando um citação famosa, "o tempo e a maré não esperam pelos gestores".

Não promova a mediocridade

Tal como o Dr. Frankenstein, alguns empregadores criam os seus próprios colaboradores problemáticos. Eles promovem colaboradores para posições para as quais lhes falta credenciais e experiência. E olham para o outro lado quando o ressentimento cresce entre os colaboradores que têm de trabalhar mais para compensar a incompetência do novo chefe.

O "colaborador Frankenstein" sobe os vários níveis à custa das suas competências interpessoais. Tem o dom da conversa fiada e trabalha muito bem dentro do sistema.

Tarefa
Faça uma lista das competências profissionais que procura num candidato. Não se deixe afastar delas por um entrevistado encantador.

Num inquérito *on-line*, a *HR.BLR.com* perguntou a gestores de recursos humanos por que é que eram forçados a contratar alguém que de outra forma não teriam considerado. Trinta e quatro por cento indicaram a camaradagem, de longe a razão mais frequente.

A mediocridade gera mediocridade. Se um gestor consegue progredir porque realiza o mínimo do trabalho, os outros colaboradores podem interrogar-se por que é que se deverão esforçar. E de certeza que o gestor, com credibilidade zero, não vai ser capaz de os persuadir a não o fazer.

O Dr. Frankenstein criou uma vida, mas terrível para os outros. Um "escritório Frankenstein" não é muito melhor.

> Procure sempre o melhor talento, senão a sua escolha irá voltar para o assombrar.

O escritório não é uma creche

"Pai, como é que faço para ligar para Washington?", perguntou o filho de um colega de trabalho. Ele estava de visita ao escritório e passou grande parte do dia a fazer chamadas telefónicas da secretária de um colega. As chamadas incluíram várias interurbanas para Washington.

A maior parte dos colaboradores demonstra empatia com os colegas que um dia, à última hora, são obrigados a levar os seus filhos para o trabalho. Mas não são tolerantes se os colegas não os conseguem supervisionar.

Tarefa
Elabore uma política para os visitantes menores, se ainda não tiver uma. Ou, se tiver, reveja-a para se certificar de que funciona.

São poucas as empresas que proíbem a visita de crianças. Mas muitas não têm as políticas que fazem com que essas visitas funcionem. Apenas algumas já iria ajudar. Deve exigir que os pais acompanhem sempre as crianças. As visitas que usarem computadores devem deixá-los como os encontraram. Devem falar baixo e de forma alguma poderão fazer chamadas interurbanas sem autorização. Também deve pedir aos pais que peçam autorização para trazer as crianças para o escritório. Se concordar, e se necessário, dê ao colaborador uma cópia das sua política de visitas.

> Quando as crianças vierem para o trabalho, mantenha o escritório agradável para os colaboradores.

Incentive a formação

Muitas empresas defendem a importância de um bom serviço ao cliente. Mas são mesmo muitas as que não partilham o segredo com os seus colaboradores. Muitas vezes, colaboradores mal-educados serão o primeiro contacto que os clientes têm com uma empresa.

Coloque os seus familiares a testar o seu serviço ao cliente. Poderá não gostar do *feedback*. E poderá ter de admitir que os seus colaboradores precisam de mais formação para conduzir o seu serviço ao cliente a um nível superior.

Tarefa
Contrate durante um dia um formador especialista em serviço ao cliente.

Segundo o *Wall Street Journal*, alguns bancos e *stands* de automóveis, ansiosos por melhorar o seu serviço ao cliente, enviaram os seus colaboradores para campos de treino oferecidos por hotéis de luxo conhecidos pelo serviço exímio.

Os seus colaboradores poderão precisar também de alguma formação exterior. O serviço ao cliente não substitui um bom produto, mas irá ajudar a pôr mais do bom produto nas mãos dos clientes.

> Tem de fazer com que o bom serviço ao cliente aconteça.

Exija formação em sensibilidade

Uma profissional teve o azar de trabalhar com a "Chefe do Inferno". A gestora, desorganizada e viciada em trabalho, gritava com os colaboradores quando estes não podiam ficar a trabalhar até mais tarde. Gritava com eles quando lhe pediam ajuda. Gritava para chamar a atenção deles. Gritar era a ideia que tinha de desenvolvimento da equipa.

(40) Como gerir pessoas difíceis

O seu comportamento insensível afastou os colaboradores. No entanto, isso não a intimidou. Encarava esse afastamento como uma insígnia de honra: "Não tenho de os despedir. Sou boa a fazê--los desistir."

> **Tarefa**
> Use esta citação como uma chamada de atenção quando lidar com um gestor desordeiro: "O homem zangado acha sempre que consegue fazer mais do que pode" – Albertano de Brescia.

Ao que parece, ela tem muita companhia. Num inquérito recente da Gallup a um milhão de trabalhadores, um mau chefe foi a razão mais citada para abandonar um emprego.

Se vir um gestor a lançar a confusão no meio dos colaboradores, não aceite a frase que diz que é difícil encontrar bons colaboradores. Marque reuniões de equipa para expor preocupações e leve a almoçar alguns dos subordinados do gestor para descobrir o que é que se passa naquele departamento. Se concorda que o gestor é um problema, então ordene-lhe que faça um curso de técnicas de controlo de raiva ou outra formação em sensibilidade. Se se esforça por encontrar bons colaboradores, a última coisa que quer é um gestor que anule esses bons esforços.

> Um gestor deve gerir e não intimidar e humilhar.

Desencorajar os viciados no trabalho

O dicionário define um viciado no trabalho* como "alguém que tem uma necessidade compulsiva e implacável de trabalhar". Mas alguns viciados no trabalho são apenas terríveis gestores de tempo. Por vezes fazem muitas horas porque desperdiçam enormes

---

* **N. T.** No original, *workaholic*.

blocos de tempo no meio do dia de trabalho. Tiram muito tempo para almoçar ou socializam horas a fio. Posteriormente, correm para compensar esse tempo e ficam depois do expediente para acabar o trabalho que poderiam ter terminado mais cedo.

Se alguém precisa de um relatório seu durante as horas de expediente, os viciados em trabalho adiam com histórias do quanto estão sobrecarregados e de que têm de ficar a trabalhar até tão tarde para se manterem a par da carga de trabalho que têm. Eles estão apenas a sofrer as "ressacas" da ineficiência.

Tarefa
Exija que todos os colaboradores peçam autorização antes de fazerem horas extraordinárias.

Não mime os viciados em trabalho, especialmente se não sabe ao certo por que é que eles trabalham até tão tarde. Insista para que sigam o horário da empresa, particularmente se tiver de lhes pagar horas extraordinárias. Acima de tudo, certifique-se de que demonstra, dando o exemplo, que a eficiência e o equilíbrio trabalho/vida pessoal vence sempre o vício do trabalho.

> Os viciados em trabalho nem sempre estão a pensar no interesse do seu negócio

Comemore as transformações

Um dos prémios mais impressionantes que uma escola entrega no final de cada ano é o do aluno que teve mais progressos. O prémio reconhece aqueles alunos que passaram de um começo tortuoso a um final tranquilo. A julgar pelos grandes sorrisos dos vencedores, o reconhecimento dos seus esforços bem sucedidos toca-os profundamente.

É igualmente importante reconhecer melhorias do desempenho no local de trabalho. Quando os colaboradores que tiveram um co-

(42) Como gerir pessoas difíceis

meço tortuoso renovam as suas competências interpessoais e os seus hábitos de trabalho, reconheça esse progresso. Passe pela secretária deles e felicite-os pelo óptimo trabalho de equipa ou pela apresentação individual num seminário da empresa.

> **Tarefa**
> Interrogue a sua equipa para ver se gostariam que existisse um prémio da "Melhor Transformação". Se sim, ofereça-o.

Considere levar a almoçar os seus colaboradores que tiveram mais progressos. Irão ter algo positivo sobre o que falar, para variar. Reconheça também os seus próprios esforços. Afinal de contas, ajudou a realizar a transformação. Os sentimentos de orgulho irão lembrar-lhe de que tem a ganhar quando faz sobressair o melhor que há na sua equipa.

> "Comemore aquilo que quer ver mais vezes" – Tom Peters, guru da Gestão.

Desencoraje as piadas racistas

O humor é mais do que uma boa gargalhada. É um facilitador no escritório. O humor dispersa a tensão, levanta o moral e estabelece ligações. Estes elementos positivos afectam a forma como encara o seu trabalho.

Estudos revelam que o "humor positivo frequente" aumenta a satisfação profissional em cinco por cento, escreve o autor David Niven em *Os 100 Segredos das Pessoas de Sucesso**. Por oposição, 41 por cento dos colaboradores considera o humor negativo como uma "fonte de separação no seu escritório".

---

* **N.T.** Publicado em 2003 pela editora Gradiva. O seu título original é *The 100 Simple Secrets of Successful People.*

> **Tarefa**
> Escreva isto num cartão: "O humor racista não é tema de brincadeira". Faça cópias e deixe uma na caixa de correio de um comediante sem bom senso.

Estas são boas razões para evitar contar, ou ouvir, piadas que se riem à custa de mulheres, minorias, imigrantes ou deficientes. Quando um colega conta uma destas piadas na sua presença, diga-lhe que isso não é apropriado. Se os racistas não tiverem audiência, irão ter poucas razões para insistir em material ofensivo como esse.

> O humor adequado contribui para o bem-estar num escritório.

Conhecer os direitos no local de trabalho

Alguns anos atrás, a Comissão Norte-americana para a Igualdade de Oportunidades de Trabalho* iniciou um programa junto dos adolescentes para os alertar para o seu direito de trabalhar livres de assédio sexual e outros abusos.

Uma das maiores surpresas deste programa, depois de encontrar um grupo de jovens, foi saber que os adolescentes não sabiam que acções se classificavam como assédio sexual. Muitos deles já tinham passado por comportamentos desconfortáveis no trabalho sem saberem que estavam a ser assediados sexualmente.

> **Tarefa**
> Compre um livro sobre os direitos no local de trabalho. Comece com o livro de leitura fácil *Your Rights in the Workplace*, da advogada Barbara Kate Repa.

---

* **N. T.** No original, U.S. Equal Employment Opportunity Commission.

O conhecimento é realmente poder no que toca aos direitos no local de trabalho. Conhecer os seus direitos significa que sabe que a sua empresa tem de assegurar que o seu local de trabalho seja seguro e livre de discriminação e assédio.

Não tem de aturar comportamentos ilegais. Quando os colegas lhe enviam mensagens inapropriadas, envie-lhes um *e-mail* informando-os dos seus direitos e do risco potencial que eles representam para a empresa. Quanto melhor conhecer os seus direitos, melhor conseguirá defender a sua posição. Não há razão alguma para que sofra abusos em silêncio ou na ignorância.

> Ajude a salvaguardar os seus direitos no local de trabalho sabendo quais são.

Manter privadas as conversas telefónicas delicadas

Trabalhar com um colega que sofre de uma série de problemas de saúde pode implicar alguma discrição. Um profissional contou-me que um dos seus colegas conferenciava frequentemente com os médicos. Um dia, atingiu o auge. Falou com o cardiologista, o proctologista e o especialista em medicina interna. Como não moderou a voz, teve acesso a DA – Demasiada Informação.

Ele falava de assuntos muito privados como se estivesse a falar do tempo e essas indiscrições perturbavam o colega. Às vezes tinha pura e simplesmente que se afastar, ou aproveitava a altura das consultas para ir tomar café ou passar pela secretária de um amigo. Outras vezes, colocava auscultadores e punha a música bem alto. Apesar de estes métodos terem tido sucesso em abafar a sua voz, não resolveram o problema. As conversas eram demasiado íntimas para consumo público.

> **Tarefa**
> Compare notas com os colegas sobre como eles têm lidado com os que fazem chamadas telefónicas indiscretas.

Finalmente, o colega encontrou coragem para optar por uma abordagem mais directa, que é, na verdade, a melhor estratégia quando se está a lidar com um conflito. Depois de terminar uma das suas chamadas telefónicas, disse-lhe: "Gostei imenso dessa chamada a três com o teu médico. Espero que melhores rapidamente." A partir dessa altura o problema resolveu-se.

Se quer que os colegas sejam discretos, poderá ter de os ajudar.

> No trabalho, a discrição é ignorada demasiadas vezes.

Dar uma ajuda

"Não pode contribuir para algo significativo sem se modificar," escreve o perito em Gestão John Maxwell em *The 360º Leader: Developing your influence from anywhere in the organization.* "Se quer ser melhor do que é, faça parte de algo superior".

> **Tarefa**
> Leia um livro ou assista a uma sessão sobre como desenvolver uma relação como mentor.

Esse "algo superior" pode ser o mentor de um colega em apuros. Tanto você como a sua empresa irão beneficiar com a sua generosidade. Uma das vítimas do escritório agilizado é o tempo extra necessário para desenvolver a equipa. Os gestores estão tão pressionados que têm que tomar a abordagem "nada ou afoga-te" com os novos colaboradores. Como colaborador experiente, pode ajudar a preencher essa lacuna.

Como é que sabe se um colega é digno de o ter como mentor? Alguns especialistas dizem que deve avaliar se um colaborador é "ensinável" ou não. Se é "ensinável" não tem medo de admitir as suas deficiências e irá pedir o que precisa para melhorar. Pode ajudá-lo a alcançar o que de outra forma poderia ser impossível sem o apoio de um mentor.

> O seu apoio como mentor será um sucesso se existir uma estratégia *win-win** para si e para a sua empresa.

Conhecer o eremita do escritório

Kate comentava muitas vezes como um colega passava rapidamente por ela no *hall* e não dizia absolutamente nada. Quando ela arriscou cumprimentá-lo, ele respondeu-lhe com um resmungo. Ela acabou por desistir zangada.

No entanto, um dia ele passou pela secretária dela e cumprimentou-a como se de repente tivesse descoberto a sua existência. O que aconteceu era que ele precisava de um número de telefone. Ela deu-lhe o número. Quando se cruzaram no *hall* outra vez, ela estava preparada para falar, mas ele tinha voltado ao seu comportamento habitual.

Tarefa
Utilize esta expressão do filósofo norte-americano Eric Hoffer para ganhar perspectiva: "Um homem sozinho está em má companhia".

Kate voltou a sentir-se zangada e usada. Mas era um desperdício de tempo e não devia ressentir pessoalmente o seu comportamento. O eremita tratava todos da mesma forma. Imagine um dia

---

* **N. T.** Em que ambas as partes ficam a ganhar.

não ter ninguém para partilhar uma boa piada ou um ombro onde se apoiar. É essa a realidade do eremita do escritório. Merece mais pena do que zanga.

> O eremita do escritório prefere uma "casca" e não um colega bem intencionado com um "quebra-nozes".

Quando levar a cabo uma acção judicial

Muitos colaboradores levam a cabo acções judiciais porque os seus empregadores minimizaram ou desprezaram as suas queixas sobre maus-tratos ilegais, ou porque os empregadores os marcaram como desordeiros por apontarem o dedo a um gestor valioso para a empresa.

Mesmo assim, antes de levar a sua luta para o tribunal, certifique-se de que já esgotou todas as outras opções. Contou ao seu supervisor? Se este não agiu, subiu os níveis?

> **Tarefa**
> Telefone a um amigo para obter uma segunda opinião antes de se decidir a empreender uma acção judicial.

Até os advogados que representam os colaboradores emitem advertências sobre o elevado custo de tais acções judiciais em termos de tempo, dinheiro e privacidade. Nada o deverá impedir de a levar a cabo quando os seus direitos de trabalho não forem respeitados. Mas considere uma acção judicial apenas quando não vir outra opção para acabar com o comportamento ilegal.

> Uma acção judicial deve ser o último recurso.

(parte II)
Autodesenvolvimento

(3)
Competências pessoais

Neste capítulo irá aprender:

- a conhecer os pontos fracos que deve desenvolver
- a sobreviver aos confrontos com os seus colegas
- a recorrer à melhor atitude a ter para evitar comportamentos abusivos

O que está em jogo?

Quando o meu filho frequentava na escola primária, experimentei a coerção para o levar a lembrar-se de entregar os trabalhos de casa. Recorri a gritos e à revogação de privilégios. Fi-lo por pura frustração. Corrigia os trabalhos de casa todas as noites e presumia que ele os entregava no dia seguinte. Quando a professora me revelou que as suas notas estavam a baixar porque ele não entregava os trabalhos de casa, fiquei furiosa.

Exigi que ele me explicasse porquê. Respondeu que não os conseguia encontrar quando a professora lhos pedia. Achei que a desculpa não tinha fundamento e proibi os jogos electrónicos e a televisão.

> **Tarefa**
> Siga o conselho de Dale Carnegie e tente compreender as motivações que estão por detrás dos comportamentos problemáticos dos colaboradores.

O problema persistiu até que li um artigo com excertos do livro do Dr. Mel Levine, *A Mind at a Time*, que se centra nas diferentes formas como as crianças aprendem tendo por base o modo como entendem a realidade. Aprendi que o meu filho sofria de uma "disfunção na gestão de matérias". Quando confrontado com a quantidade de diferentes conteúdos da sua mochila, sentia-se impotente para encontrar qualquer coisa. Confirmei com o psicólogo da escola e os dois concordámos que, depois de o ajudar com os trabalhos de casa, devia ajudá-lo a organizar a mochila para o dia seguinte. O problema dos trabalhos de casa acabou.

A moral da história também é válida para as situações de escritório. Assim que compreender o comportamento de um colaborador difícil, pode ajudá-lo a encontrar soluções duradouras. Dale Carnegie afirma em *Como Fazer Amigos e Influenciar Pessoas**: "Existe

---

* **N.T.** Publicado em 1996 pela Livraria Civilização Editora. O seu título original é *How to Win Friends and Influence People*.

uma razão para o outro pensar e agir como o faz. Descubra essa razão - e terá a chave para as suas acções e talvez para a sua personalidade".

> "Não lidera se bater na cabeça dos outros. Isso é agressão, não é liderança." – Dwight Eisenhower

Dominar a arte das conversas difíceis

Chegou a hora. Tem de dizer a uma colaboradora que o trabalho dela é inaceitável. Sente o desconforto a crescer. Antecipa uma torrente de recriminações. Como aconteceu antes, ela vai dizer que estão todos a implicar com ela. A coisa pode ficar feia. Se permanecer calmo a situação será controlada.

"Tão firme quanto possível", era a ordem do capitão do *Caminho das Estrelas* ao piloto enquanto este conduzia a nave Enterprise pelas batalhas cósmicas. Um acusador vai atirar-lhe com tudo para cima. Mas vai ficar sem fôlego mais rapidamente se demonstrar um pulso firme.

Tarefa
Quando se sentir tenso numa situação difícil, siga o exemplo do ioga e concentre-se na sua respiração.

Vernice Givens, a *president* e proprietária da V&G Marketing Associates em Kansas City, no estado do Missouri, despediu uma colaboradora que não trabalhava em equipa. Ela reagiu com ameaças de violência. Vernice permaneceu calma. "A calma fez toda a diferença," disse ela. "Deixou-a praticamente a discutir sozinha."

Se o colaborador se tornar insubordinado, acabe com a conversa e diga-lhe que irá continuar mais tarde quando as coisas estiverem mais calmas. O seu objectivo é uma situação de *win-win* até que um colaborador se torne irrecuperável para a sua empresa. Até chegar essa altura, seja "tão firme quanto possível."

> Quando atingido pelo mau tempo no trabalho, abrigue-se e permaneça calmo.

Não tenha receio de criticar os gestores problemáticos

O gestor perfeito nunca existiu. No entanto, alguns executivos agem como se os gestores que contrataram fossem a perfeição pura. Levam a peito qualquer crítica relativa a eles, particularmente se as palavras duras vierem dos subordinados. E é possível que os executivos ignorem a mensagem ou desacreditem o mensageiro.

De acordo com algumas notícias, depois de Sherron Watkins, uma *vice president* da Enron, se ter queixado das parcerias duvidosas que gestores de topo tinham criado, fizeram com que ela se sentisse uma renegada. A empresa não levou a sério muitas das suas recomendações, que poderiam ter evitado o colapso da Enron.

Tarefa
"Alguns gestores precisam de uma boa dose do seu próprio veneno." Anote isto num cartão como forma de consciencialização.

Quando um gestor que contratou ou até do qual tenha sido mentor for acusado de incompetência ou de conduta imprópria, não aceite esta crítica pessoalmente. Mantenha os olhos abertos para ver se as queixas merecem ser consideradas ou não.

> Por vezes o colaborador problemático é o gestor que contratou. Lide com ele como lidaria com qualquer outro colaborador que tenha um problema semelhante.

Evite as reacções instintivas

Os psicólogos dividem as nossas interacções em duas categorias gerais: respostas e reacções. Uma resposta é uma acção deliberada e bem ponderada. Uma reacção é instintiva e com ausência de pensamento e percepção. Uma reacção gera arrependimentos, não soluções. Descarregar insultos num colaborador ofensivo é instintivo. Lembrá-lo de que é sempre esperado um comportamento profissional é uma resposta.

Tarefa
Recorde alguns dos encontros difíceis que teve com colaboradores. Descubra como poderia ter respondido em vez de reagir.

Uma reacção reforça o *statu quo*. Uma resposta é um agente de mudança e oferece compreensão. "A melhor visão é a compreensão," diz o editor de revistas e empreendedor Malcom Forbes. Por isso, abrande, respire fundo e responda, não reaja.

> Irá deixar uma impressão duradoura se responder a um problema em vez de reagir instintivamente.

Não se deixe impressionar pelas "estrelas"

Os "colaboradores-estrela" podem enganá-lo. Constroem o seu negócio, mas, sem restrições, também podem destrui-lo. Os "gestores-estrela" impulsionaram o crescimento explosivo da Enron. Mas também foram os responsáveis pelo fim da empresa.

Pode inconscientemente colocar uma auréola nos seus "jogadores-estrela". Ou seja, vai presumir que, como o registo de vendas deles é impecável, todos os outros aspectos do seu trabalho também são perfeitos. E como está tão convencido da perfeição deles, poderá não fazer caso de qualquer queixa contra eles. Os "jogadores-estrela", por seu lado, podem presumir que o tratamento sem interferência significa que eles estão acima das políticas comuns do local de trabalho.

Tarefa
Quando avaliar "colaboradores-estrela", avalie também as suas relações interpessoais.

As "estrelas" sem restrições podem ser agressivas para com os colegas de trabalho. Ou podem estabelecer o seu próprio horário e férias, sem ter em conta as necessidades de recursos humanos do escritório.

A melhor forma de controlar a "realeza" do escritório é mantendo-a sob as mesmas regras da "plebe". Recompense a "estrela" pelo seu bom trabalho, mas lembre-lhe que, enquanto pode estar muito acima dos outros no que toca ao desempenho, em relação ao código de conduta da empresa não está.

> A arrogância e os direitos individuais nunca combinam bem com os negócios.

Saber desistir

Dizer adeus é difícil. Mas cumprimentar, todos os dias, um colaborador que pura e simplesmente não consegue atingir o nível de qualidade exigido é ainda mais difícil. É uma lembrança constante de que está a pagar por incompetência.

Independentemente do potencial que alguns colaboradores pareçam ter ou de quanto os ajudou, eles continuam a produzir trabalho insuficiente. Quanto mais tempo esperar antes de os largar, mais os seus motivos serão questionados. Aí, vai ter de responder a perguntas como: "Depois de todos estes anos, por que é que o meu trabalho é, de repente, um problema?"

> **Tarefa**
> Reveja os ficheiros dos colaboradores problemáticos para se assegurar que documentou adequadamente o problema.

Se não comunicou claramente o que o colaborador falhou ou se lhe falta documentação, despedi-lo vai parecer um acto arbitrário. Afinal de contas, os incompetentes são frequentemente os últimos a reconhecer as suas deficiências.

O antigo *chairman* e CEO da General Electric, Jack Welch, expô-lo directamente num artigo de jornal: "Enquanto não for dito aos fracassos que eles são fracassos, eles não se importam de estar ali."

Mas como é que sabe quando chegou ao ponto em que já não há volta a dar? Siga os seus instintos e olhe para os seus registos escritos. Se estiverem em sintonia, então é altura de agir. Se o seu objectivo é reunir uma equipa altamente qualificada, vai ter que dizer adeus a alguns problemas para dar espaço a novos activos.

> Nunca se apresse a dispensar um colaborador que se esforça. Mas, assim que se decidir, actue.

Interpretar papéis antes do confronto directo

Interpretar papéis não é só para os actores. Antes de uma conversa frente a frente com um colega problemático, experimente interpretar um pouco os papéis. Ponha-se em frente ao espelho ou sente-se numa cadeira e imagine que está a confrontar o seu adversário do local de trabalho.

A interpretação de papéis pode abranger muito. Por um lado, não vai estar ao mesmo tempo a ensaiar e a desempenhar durante a sua grande discussão. Consequentemente, vai estar mais calmo e mais concentrado. Por outro lado, a interpretação de papéis é uma execução experimental que lhe vai permitir identificar problemas na sua apresentação enquanto ainda tem tempo de os corrigir e de desenvolver a sua confiança.

Tarefa
Antes de um grande confronto directo com um adversário do local de trabalho, convide um colega a jantar em sua casa e a interpretar os papéis.

Leve a interpretação de papéis mais à frente e peça a um amigo ou colega que substitua o outro e interprete o papel de "advogado do diabo". Esta estratégia irá ajudá-lo a antecipar as objecções do seu colega e a preparar respostas.

O seu objectivo com a interpretação de papéis não deve ser o de tentar controlar o comportamento do seu colega. É obvio que não pode fazer isso. Pelo contrário, o objectivo deve consistir em evitar que o colega problemático estrague um desempenho – o seu – que tem tanta coisa em jogo.

> "A confiança e a coragem resultam da preparação e da prática" – Anónimo.

Imagine o sucesso

Quem pratica a visualização jura que pode que tornar os seus sonhos realidade. Quem pratica seriamente a concentração numa imagem mental daquilo que quer que se manifeste na sua vida acredita que, se se focalizar naquilo que quer, isso se vai materializar. Na sua essência, a visualização é como o pensamento positivo com um pouco de *Zen* à mistura.

O pensamento positivo é uma força poderosa.

> **Tarefa**
> Considere assistir a uma sessão sobre visualização criativa.

"Quer ache que consegue ou não, está correcto", disse Henry Ford.

Determine o que gostaria de conquistar. Talvez gostasse de reagir mais calmamente às explosões do seu opositor ou gostasse de ser mais confiante.

Passe alguns minutos todos os dias a reflectir no que quer conquistar. Mantenha o pensamento na sua mente enquanto se concentra na sua respiração. Continue até se sentir relaxado. Mantenha sempre a sua imagem na mente.

Quando se sentir em baixo devido às constantes batalhas com um colega de trabalho problemático, tente imaginar o sucesso. Não tem nada a perder ao dedicar tempo e energia a algo que quer.

> Todos os grandes projectos começam com uma boa dose de pensamento fantasioso.

Recuperar de uma queda

Uma assistente administrativa, que se chamava Cindy, sofria um *stress* constante por causa de uma colega inoportuna. A colega, que criticava de uma forma exagerada, era uma perfeccionista que se queixava constantemente de Cindy. A gota de água deu-se quando se queixou de ter que atender os telefones depois de Cindy ter saído para uma consulta médica. Quando Cindy voltou duas horas depois, a colega perguntou-lhe o que é que ela considerava uma ausência longa. Sentindo-se devastada, Cindy explodiu e agrediu verbalmente a colega. Os outros colegas olhavam sem querer acreditar. A sua adversária manteve-se calma. Foi Cindy que o chefe repreendeu. Não a sua adversária.

> **Tarefa**
> Tenha um par de ténis no escritório. Calce-os e solte a tensão a andar quando sentir que um colega está a pôr os seus nervos em franja.

Justificadamente ou não, tem de gerir as consequências se um adversário o fizer perder a cabeça. Não justifique a explosão. Em vez disso, peça desculpas ao chefe pelo distúrbio. Exprima o seu arrependimento aos seus colegas durante o almoço. Mantenha os comentários curtos. Admita apenas que a demonstração de zanga foi inapropriada e que lamenta o que aconteceu. Quando é sincero, os outros irão perdoar e esquecer. Afinal de contas, é provável que conheçam as farsas do seu adversário. Sabem que podiam ter reagido da mesma forma.

> "O maior feito não é nunca cair, mas antes levantar-se outra vez depois da queda" – Confúcio.

Fortalecer capacidades

Quem melhor pode assegurar o seu sucesso ao lidar com pessoas difíceis é você mesmo. É claro que em certas ocasiões pode ter que recorrer a colegas ou a um supervisor para que o ajudem. Mas, na maior parte das vezes, vai ter que enfrentar sozinho os seus colegas desagradáveis. Se tiver alguns pontos fracos em sua defesa, admita-os.

Por exemplo, se passou toda a vida a evitar conflitos ou se cede quando um colega autoritário discorda de si, pode sofrer de falta de auto-estima. Para quem tem pouca auto-estima, qualquer conflito, especialmente um no escritório, produz uma sensação devastadora de impotência. Desenvolva um sentido de poder reconhecendo primeiro a falta de auto-estima. Depois, descubra como conquistá-la.

> **Tarefa**
> Compre um livro com passagens diárias e que o motivem.

Encontrar um livro útil sobre o assunto é um bom começo. Um dos meus preferidos é *Self-Esteem: A proven program of cognitive techniques for assessing and maintaining your self-esteem*, de Matthew McKay e Patrick Fanning. Se os seus problemas estão bem enraizados, poderá precisar de terapia para superar a sua falta de auto-estima. Os benefícios da sua empresa poderão cobrir quase todos os custos, se não todos, das sessões de terapia através de um Programa de Apoio ao Colaborador. Os dividendos que vai ganhar por investir no seu bem-estar emocional serão enormes. Irá descobrir que, quando vem de uma posição forte, os inoportunos do escritório não o conseguem enervar.

> "Nada consegue impedir o homem com a atitude mental certa de atingir o seu objectivo; nada no mundo consegue ajudar o homem com a atitude mental errada" – Thomas Jefferson.

Escolher as batalhas

Por vezes recebo cartas que apelido de "Crónicas dos que levam tudo menos o lava-loiças."*A lista de lamentações em relação a um colega problemático engloba tantas áreas que é difícil saber por onde começar. A lamúria reflecte colaboradores que estão a combater em muitas frentes.

Os desordeiros dão-lhe sempre muito para se queixar. Mas se se queixa de toda e qualquer infracção, torna-se um "bebé chorão", uma outra categoria de colaboradores problemáticos.

---

* **N.T.** No original, "Kitchen Sink Chronicles". Aqui a autora faz uso de uma expressão idiomática que se refere a quase tudo o que se pode imaginar sobre um determinado tema.

> **Tarefa**
> Tomada de Consciência: durante um dia, faça uma lista das coisas sobre as quais fala. Se as queixas se evidenciam, decida-se a moderá-las.

Escolha as suas batalhas. De outra forma, as suas queixas constantes irão afastar os colegas de cujo apoio precisa. Se percebe que os seus colegas mudam rapidamente de conversa quando fala dos seus problemas de trabalho, é a sua pista para se moderar. Escolha bem as suas batalhas, assim como os momentos para falar sobre elas.

> "Um fanático é alguém que não consegue mudar de opinião e que não quer mudar de assunto" – Sir Winston Churchill.

Restaurar a confiança

Numa determinada altura, o seu adversário de longa data poderá pedir desculpas e querer restabelecer a amizade. Deve aceitar o pedido de desculpas. Mas não confunda um pedido de desculpas com confiança. A confiança leva tempo a desenvolver-se novamente.

"Confiar nos outros significa contar com a honestidade e o empenho deles para manter as promessas que lhe fizeram", escreve a autora Cynthia Wall em *The Courage to Trust: A guide to building deep and lasting relationships*.

> **Tarefa**
> Depois de um adversário pedir desculpas pelas suas acções, anote algumas ideias sobre os esforços que poderão restabelecer a confiança. Use a sua lista como um guia.

Um pedido de desculpas não consegue produzir uma nova base de confiança. Mas o tempo e o esforço sim. Mantenha os canais de comunicação abertos para reconstruir a confiança. Até lá, mantenha-se atento e descontraia apenas quando tiver a certeza de que os esforços do seu opositor são sinceros e que merecem a sua confiança.

> A confiança raramente é um sentimento que nasce do dia para a noite.

Rituais para ajudar a superar

Ao longo dos séculos, escritores famosos criaram rituais para preparar as suas mentes. O poeta alemão Friedrich von Schiller tinha maçãs podres na sua secretária para que pudesse inalar o seu odor. Edgar Allen Poe escrevia melhor com um gato empoleirado no seu ombro.

"Os rituais ajudam-nos a mudar, a fazer transições, a alterar os nossos estados mentais", diz Naomi Epel em "The Observation Deck." Desenvolva os seus próprios rituais para o ajudarem a superar encontros adversos no trabalho. Quando uma conversa se torna tensa, puxe gentilmente o dedo mínimo para se lembrar de manter a calma. Passe a mão pelo seu braço ou brinque com os trocos no seu bolso. Recite mentalmente um trecho favorito. Esta estratégia não consiste em esquivar-se habilidosamente. Em vez disso, é uma passagem para um porto seguro que o irá abrigar durante uma terrível tempestade.

Tarefa
Dê uma vista de olhos pela Internet ou procure livros com ideias sobre a criação de rituais úteis.

> A consistência de um ritual pode ser uma fonte de energia numa batalha com um colega.

Torne-se líder

No centro dos longos conflitos de colaboradores encontra-se geralmente um gestor fraco que pura e simplesmente não lidera. Promete confrontar um desordeiro, mas odeia tanto os conflitos que, em vez disso, acaba por esperar que eles passem. David trabalhava com um chefe assim. Era conhecido como um bom ouvinte mas homem de pouca acção. David queixava-se de um colega que não cooperava. O gestor acenava e prometia investigar. Mas não fazia nada.

Quando se depara com um gestor que não gere conflitos, tem de pedir reforços: você mesmo. Lidere o líder através do exemplo. Mark Sanborn, o autor de "You Don't Need a Title to Be a Leader," dá o nome de "líderes sem título" aos subordinados que adoptam papéis de liderança.

Tarefa
Numa folha de papel, faça uma lista das formas através das quais se pode tornar um "líder sem título" ao lidar com colaboradores difíceis.

"O que se passa é que a influência e a inspiração têm origem na pessoa, não na posição", explica Sanborn. Por vezes, você é a pessoa mais adequada para a tarefa de pôr na ordem um desordeiro. Mostre-lhe que a liderança tem de ser exercida para que exista.

> Muitas vezes, os melhores líderes são aqueles que assumem naturalmente o papel.

Apele aos seus pontos fortes

No seu livro *Os Quatro Acordos: Guia prático para a liberdade pessoal**, Don Miguel Ruiz diz que um dos quatro elementos para uma vida feliz é ser "impecável com a sua palavra." Dito de outra forma, cumpra sempre as suas promessas. Aqueles que não cumprem a sua palavra podem ser uma fonte de grande frustração no local de trabalho.

Para Chris é difícil aguentar reuniões de comités porque os outros não cumprem a sua palavra. A dirigente de um comité em que lhe foi pedido que participasse, distribuiu um pacote de materiais que queria que o grupo revisse antes da primeira reunião. No dia da reunião, um colega chegou extremamente atrasado e alguns dos outros não se tinham preocupado em ler os materiais. Chris queria gritar: "Por que é que vocês não param de desperdiçar o meu tempo!"

Tarefa

Quando lhe é pedido que trabalhe com um colega, faça um inventário das suas competências. Aponte os seus pontos fortes e tire partido deles quando trabalham juntos.

Não pode mudar os seus colegas, mas pode mudar a forma como se relaciona com eles, para que tenha mais do que apenas desilusões nas suas relações de trabalho. Faça sugestões que apelem aos pontos fortes dos seus colegas e não aos pontos fracos.

Um colega com boas competências de investigação, mas fracas de escrita, pode ser um parceiro perfeito num projecto de duas pessoas, desde que os dois concordem que você é responsável pela escrita. A um colega competente que chega atrasado às reuniões deve ser dada a vez, no final da reunião, para apresentar um relatório e não ao princípio. Todos temos pontos fortes e pontos fracos.

---

* **N. T.** Publicado em 2001 pela editora Pergaminho. O título original é *The Four Agreements: A pratical guide to personal freedom.*

Terá muito menos frustrações se apelar a promessas que os seus colegas possam cumprir.

> A frustração apela aos pontos fracos dos colegas; a eficácia apela aos seus pontos fortes.

Não está sozinho

Por vezes dá por si a lidar com colegas difíceis independentemente do sítio onde trabalha e pode interrogar-se se o "mundo perdeu cabeça". Não perdeu. Existem cada vez mais situações que revelam má educação.

Um estudo, do grupo sem fins lucrativos Public Agenda, concluiu que 79 por cento dos norte-americanos acredita que a má educação – definida como falta de respeito e cortesia – é tão extrema que deveria ser encarada como um problema nacional. Deste universo, 60 por cento acredita que o problema está a piorar.

Tarefa
Siga este conselho: "Na vida, nada deve ser temido. Apenas compreendido" – Marie Claire.

"A nossa sociedade contribuiu para que exista menos educação", diz Karen A. Solomon, uma psicoterapeuta em Commack, Nova Iorque. As mulheres que trabalham sentem bem as pressões que conduzem às descortesias. "Elas correm para o trabalho, vão buscar os miúdos, levam os miúdos a actividades extra-escolares e vão para casa. Têm pura e simplesmente tanta coisa para fazer que perdem de vista as cortesias comuns."

Outros motivos para o aumento da falta de boas maneiras têm sido citados por estudos: cargas de trabalho mais elevadas e receio de despedimentos. A inclinação das empresas para a subcontratação e para tirar mais proveito dos seus restantes colaboradores sugerem que o problema da falta de educação irá piorar.

Por isso, não se culpe por colegas difíceis. Certifique-se apenas de que veste aquilo que os psicólogos chamam "fato de mergulho emocional" antes de se dirigir ao escritório.

> Pode abandonar um emprego, mas nunca vai conseguir fugir de colegas difíceis.

Reúna um *kit* emocional de primeiros socorros

Quando se trabalha com pessoas difíceis, ir para o trabalho pode parecer o equivalente a ir para a guerra. Por isso, certifique-se de que tem sempre consigo um *kit* emocional de primeiros socorros. Esse *kit* oferece-lhe um conjunto pronto de estratégias para escolher o seu caminho através do campo de batalha do escritório.

Apesar de talvez já ter considerado uma série de conselhos em separado, agora é o momento de os reunir todos. Em alturas muito tensas, imagine-se a guardar o *kit* na sua pasta ou mala quando se prepara para ir trabalhar.

Tarefa
Num cartão, escreva as ferramentas com que pode construir parte do seu *kit* emocional.

O básico do seu *kit* deve incluir informações sobre: lugares seguros no escritório para onde possa ir reflectir depois de um encontro intenso, aliados a quem recorrer para conselhos e apoio, e estratégias que o ajudem a manter a calma nos momentos mais tempestuosos da batalha. Deve fazer um esforço para utilizar esse *kit* conscientemente durante o dia, para se lembrar de todos os recursos que tem à mão. Com uma caixa de ferramentas emocional, terá mais sucesso na escolha da ferramenta certa para a batalha.

> "A grandiosidade não está em ser-se forte, mas antes no uso adequado das suas forças" – Autor e sacerdote Henry Ward Beecher.

(4)
Organização do trabalho/empresa

Neste capítulo irá aprender:

- novas práticas para organizar melhor as relações de trabalho
- a importância de recrutar bem

Seguir um plano de acção

"As visões que permanecem nas estrelas são visões mal executadas", diz John Baldoni em *How Great Leaders Get Great Results*. Um plano não executado, ou mal executado, para mudar o comportamento de um colaborador não passa de uma ilusão.

Assim que você e um colaborador formularem um esquema para a acção correctiva, monitorize estrategicamente a sua execução. A melhor forma é fazê-lo através de reuniões de acompanhamento. Encontrar-se pessoalmente é a melhor abordagem. Um colaborador pode embelezar o seu progresso num relatório escrito. Encontre-se regularmente com ele para avaliar o seu progresso.

Tarefa
"O que é avaliado é feito." Use este ditado como inspiração.

Tente reunir-se semanalmente depois da crise e, mais tarde, marque reuniões com menos frequência à medida que o colaborador progride. Mantenha as reuniões curtas e concentradas na questão. Peça actualizações das novas estratégias. Considere marcar as reuniões durante o intervalo do café ou à hora de almoço para se certificar de que estas ocorrem. Quando gere um negócio, o tempo é um dos seus recursos mais preciosos e, muitas vezes, tem que cumprir duas funções simultaneamente se quer que as coisas sejam feitas.

As reuniões de acompanhamento transmitem a mensagem de que um plano de acção é importante para si e que espera ver resultados. E não o vai querer de outra forma.

> A não ser que o execute, o seu plano não é melhor do que papel de rascunho.

Procure o conselho de outros empresários

Não tem de reinventar a roda quanto a lidar com colaboradores difíceis. Muitos outros já percorreram esse caminho. Alguns inquéritos estimam que os gestores passam cerca de 30 por cento do seu tempo a gerir conflitos. Por que não beneficiar da sua experiência?

Aprender a lidar com colaboradores problemáticos não é diferente de qualquer outro aspecto do seu negócio. Quer esteja a tentar melhorar o seu *marketing* ou o seu serviço ao cliente, quer sempre tentar escolher os meios mais eficientes de concretizar o seu objectivo.

Tarefa
Compareça na próxima reunião da Câmara de Comércio da sua comunidade. Durante o período de perguntas e respostas, peça conselhos sobre um problema de pessoal.

Um colega empresário poderá ajudá-lo a chegar à meta mais rapidamente; no entanto, os empresários de pequenas empresas parecem relutantes em procurar informação sobre assuntos de pessoal. Num inquérito intitulado Conselhos e Conselheiros*, a National Federation of Independent Business descobriu que recursos humanos e pessoal eram os dois tópicos sobre os quais os proprietários de pequenas empresas tinham menos probabilidades de procurar conselhos. Talvez seja por isso que recebo tantas cartas dos seus colaboradores.

Experimente uma abordagem diferente. Procure o conselho de outros empresários quanto estiver em reuniões de associações de comércio. Procure possíveis mentores para assuntos de pessoal na sua Câmara de Comércio local ou em reuniões de associações de ex-alunos. Gerir conflitos de pessoal pode ser um caminho traiçoeiro. Não há qualquer razão para que o percorra sozinho.

---

* **N. T.** No original, *Advice and Advisores*.

> Se o conselho é gratuito, não tem nada a perder em procurá-lo.

Documente encontros difíceis

Leslie, uma gestora numa empresa de equipamento médico em rápida expansão, lamenta que a sua empresa tenha retido tantos colaboradores incompetentes ou rebeldes. A empresa tem medo de despedir alguém porque dois colaboradores que foram despedidos há alguns anos atrás interpuseram processos judiciais por despedimento sem justa causa.

A empresa assumia esta postura – não porque achasse que os processos judiciais tivessem fundamento, mas porque não tinha documentação sobre as deficiências dos colaboradores. E continuou a prestar pouca atenção a essa parte da gestão para se poder concentrar na sua expansão explosiva. Sem documentação, os despedimentos aparentam ser vagos, na melhor das hipóteses. Parece evidentemente suspeito se alguém que ganhou o título de colaborador do ano está fora no ano seguinte devido a um "fraco desempenho" que não está documentado.

Tarefa
Crie um ficheiro específico para arquivar as conversas com um colaborador problemático.

Uma das primeiras perguntas que os advogados fazem aos empregadores que procuram conselhos sobre como despedir um colaborador incompetente é: "Documentou o problema?" Se a resposta é não, eles vão aconselhar o empregador a esperar até que a documentação apoie a decisão. Não interessa se é livre para despedir um colaborador. O que interessa é que faça o seu trabalho de casa para que a decisão não lhe traga mais problemas.

4 | Organização do trabalho/empresa (73)

> Se é penoso repetir sempre o mesmo a um colaborador, escreva-o.

Ser inteligente a contratar

Uma das coisas mais impressionantes no consultório da Dra. Jessica Jacob, médica em New Hyde Park, Nova Iorque, é a sua baixa rotação de pessoal. Quase todos os assistentes que estavam na equipa quando a médica assistiu o parto do meu filho mais velho, há 13 anos atrás, ainda lá estão. Eles não estão lá apenas a acumular tempo de serviço. Eles adoram o que fazem e isso é demonstrado pela forma como tratam bem dos pacientes.

O segredo da médica é que ela é inteligente ao contratar. Dá muita importância ao registo de emprego do candidato. "Geralmente, se estiveram noutro local por muito tempo, isso por si só já é um bom sinal."

Tarefa
Crie uma lista de competências interpessoais que procura nos candidatos talentosos. Use-a como uma lista de verificação da próxima vez que considerar alguém para um trabalho.

Ela considera as duas primeiras semanas de trabalho um período de teste, porque "qualquer um o pode enganar numa entrevista". Durante esta fase de experiência, ela avalia não só o quanto os novos contratados são competentes, mas também se estes se dão bem com os outros, se fazem muitas pausas e se chegam ao trabalho a horas.

"Chegar atrasado na primeira ou na segunda semana de trabalho, ou meter baixa, são sinais horríveis", afirma. Apesar de o talento ser importante, esse não deve ser o único factor a ter em consideração quando se decide contratar alguém. Tem de olhar para o pacote todo se quer evitar contratar um problema em vez de um colaborador. Isso demora o seu tempo. Mas demoraria ainda mais procurar substitutos.

> No que se refere a ser inteligente a contratar, a competência do candidato é apenas o ponto de partida.

Ser inteligente a despedir

"Os empregadores devem sempre despedir tendo por base os factos", disse-me uma vez um advogado especializado em Direito do Trabalho. "Ganha um caso baseado nos factos."

No entanto, muitos empregadores são levados a acreditar que podem deixar de documentar os factos se a empresa tiver o direito de despedir alguém. Apesar de a maioria das leis do trabalho prever que os colaboradores que não têm contrato podem ser despedidos a qualquer altura, isso não evita processos judiciais por despedimento sem justa causa.

Tarefa
Se acha que poderá ter de despedir um colaborador, estude os documentos que tem para ver se estes apoiam a sua decisão.

As suas políticas sobre o que constitui uma ofensa que conduza ao despedimento devem ser transparentes e distribuídas pelos colaboradores. O seu descontentamento com o trabalho de um colaborador em particular não deve ser uma surpresa para este quando o chamar para lhe dar as más notícias. De outra forma, pode alegar "emboscada" e fazer com que os seus motivos pareçam suspeitos.

"Se estabelecer as expectativas desde o princípio, e se for dando *feedback*, o colaborador irá perceber o que se passa", diz Diane Pfadenhauer, a proprietária da Employment Practices Advisors em Northport, Nova Iorque.

Se facultou ao colaborador recursos e oportunidades para melhorar o seu desempenho, deve sem dúvida alguma documentar esses esforços de boa fé. Essa benevolência prova que a sua intenção não era ver-se livre dele mas antes ajudá-lo a melhorar um registo negativo do seu trabalho. É difícil encontrar defeitos nisso.

> Anteceda qualquer despedimento com documentação detalhada para justificar a sua atitude.

Dar o exemplo

É difícil permanecer calmo ao lidar com um colaborador que faz os mesmos erros vezes sem conta. Apesar da sua promessa de melhorar, o trabalho fraco continua. Em desespero absoluto, tenta recorrer a ameaças e sobe o tom de voz para tentar passar a mensagem. Mas se seguir por esse caminho, está inconscientemente a estabelecer um tom negativo para lidar com problemas de pessoal. E os seus subordinados poderão seguir o seu exemplo.

Como líder de uma empresa, tem um enorme poder que afecta as competências interpessoais dos seus colaboradores. O exemplo que dá desce os vários níveis, alegam os autores de *Conquer Your Critical Inner Voice*. "Regra geral, os colaboradores adoptam, nas suas interacções com os colegas e os clientes, as mesmas atitudes e comportamentos que o seu empregador demonstra para com eles."

Tarefa
Se lidar inadequadamente com um problema de pessoal e de uma forma pouco exemplar, tente perceber o que é que correu mal.

Como diz o ditado: "A imitação é a forma mais sincera de elogio." Certifique-se de que exibe sempre comportamentos que o deixariam orgulhoso se os seus colaboradores os imitassem.

> Certifique-se de que as suas soluções para os problemas de pessoal não criam problemas maiores para si.

Socorro! Como encontrar um advogado

Antes de os alpinistas enfrentarem a escalada sinuosa ao Monte Evereste, recrutam a ajuda de um *sherpa* local. Eles são os guias experientes que ajudam os alpinistas a sobreviver nas inclinações tortuosas e nas profundas fissuras glaciares.

Quando o ambiente do escritório se torna sombrio por causa de problemas na equipa, pode precisar de um advogado para agir como o seu *sherpa*. Se quiser despedir alguém que desconfia que anda roubar ou se sente que um gestor precisa de formação sobre assédio sexual, deve consultar um advogado.

Tarefa
Esta é uma definição digna de se ter em mente: "Processo judicial: uma máquina na qual entra como porco e sai como salsicha" – Escritor Ambrose Bierce.

A melhor forma de encontrar um advogado é a mesma que se utiliza para encontrar qualquer bom perito: referências. Peça recomendações a outros empresários.

Steven D. Strauss, o autor de *The Small Business Bible: Everything you need to know to succeed in your small business*, sugere que faça perguntas a quem lhe deu as referências. Procure saber se o advogado obteve bons resultados, se era acessível, se os honorários eram razoáveis e quem é que fazia o trabalho, o advogado ou os associados com menos experiência. Quando sentir que já não tem mais escolha, ou está incerto acerca da legalidade das suas opções, é bom ter um bom advogado na sua equipa de resolução de conflitos.

> Antes de iniciar uma escalada, procure um guia.

Recorrer a um PAC

Alguns problemas de pessoal vão pura e simplesmente ultrapassar a sua capacidade de lidar com eles; mas, se quer manter um colaborador sem o seu comportamento destrutivo, um Programa de Apoio aos Colaboradores (PAC) é um bom passo a dar. Quando faculta este benefício aos seus colaboradores, está a dar-lhes acesso a um aconselhamento psicológico que é confidencial.

"A intenção é salvar um bom colaborador e permitir-lhe que proteja o seu amor próprio no processo", diz John Putzier, um psicólogo organizacional e *president* da First Step Inc., uma consultora em Prospect, na Pensilvânia.

> **Tarefa**
> Coloque uma mensagem no seu *site* a especificar os benefícios de aceder ao seu programa PAC.

Peça ao seu departamento de recursos humanos que conduza quem necessite para o PAC, uma vez que aqui são geralmente formados para lidar com assuntos de pessoal, diz Putzier. Se não tiver um departamento de recursos humanos, então designe um supervisor. Mas deixe claro que a confidencialidade é uma prioridade.

Quanto abordar o tópico de aconselhamento psicológico junto de um colaborador, mantenha a conversa muito centrada em como o trabalho dele está a ser prejudicado devido ao comportamento. É essa a razão pela qual quer que ele procure ajuda. "Começa com o desempenho", diz Putzier. "Se não for uma questão de desempenho, então tecnicamente não é da sua conta."

> Adicione um benefício de PAC ao seu conjunto de ferramentas para lidar com colaboradores problemáticos.

Variar as tácticas

Por vezes a resposta de um supervisor a problemas de pessoal enraizados consiste em render-se. Isso cria uma classe de colaboradores a que a empresa VitalSmarts chama de "intocáveis". Num inquérito recente, a empresa de formação descobriu que 93 por cento dos trabalhadores têm um "intocável" como colega. São colegas que conseguem manter os seus empregos, apesar do seu mau comportamento ou desempenho.

Em empresas geridas rigorosamente, um produto que não desempenha o suficiente é reposicionado ou abandonado. Se ainda não está preparado para desistir de um colaborador que não desempenha o suficiente ou que é desordeiro, então tem de continuar a trabalhar com o colaborador até que o problema desapareça.

Tarefa
Utilize esta citação como inspiração: "Onde há uma mente aberta, existe sempre uma fronteira" – Inventor Charles Kettering.

De outra forma, está a enviar a mensagem de que a mediocridade é tolerada. Se a conversa austera não empurrou delicadamente o colaborador para que este cumpra prazos, ou se forçá-lo a manter um registo de trabalho não ajudou, talvez juntá-lo com um mentor faça o problema desaparecer. A resposta anda por aí e, até chegar ao "Está despedido", tem de continuar à procura dela.

Tal como os planos de negócios, as estratégias para lidar com colaboradores precisam por vezes de um reforço.

Prestar atenção às diferenças entre gerações

Trabalhar com várias gerações de colegas pode ser uma experiência enriquecedora, mas os preconceitos e a arrogância podem tornar esse recurso no risco de uma luta entre gerações. Uma vez

4 | Organização do trabalho/empresa (79)

disse a uma colega mais nova que estava muito entusiasmada por participar numa corrida da empresa de 3,5 milhas na qual ela sempre tinha corrido. Ela respondeu rapidamente: "Ah sim, pode-se fazê-la a andar". Ao que respondi: "Também tenho a opção de a fazer a correr, que é o que planeio fazer."

Ao lidar com um colega de uma outra geração, tire o maior proveito dos encontros. Para fazer isso, verifique os seus preconceitos. Muitos *Boomers**, a primeira geração a adoptar com todo o coração o exercício físico, continuam a correr aos 40, 50 e 60 anos.

Se é mais velho, aproxime-se e partilhe algumas das suas experiências mais memoráveis dos seus anos na empresa. Muitos jovens colaboradores gostam de conhecer as experiências da empresa e têm muito orgulho num escritório com uma grande história. Partilhar as suas histórias vai alimentar a curiosidade que têm pela cultura empresarial, ao mesmo tempo que desenvolve laços.

> **Tarefa**
> Leve um colega mais novo a almoçar.

Se é um colaborador mais novo, ofereça a sua ajuda quando um colega mais velho tem um problema de tecnologia no trabalho que pode ajudar a resolver. Como colaborador mais velho e experiente, pode possuir uma riqueza de conhecimentos sobre a sua área. Partilhe esse conhecimento quando os colegas lhe pedem. Uma colega mais nova considera-me a especialista em gramática no escritório. Quando me pede, partilho alegremente a minha perícia com ela.

Nunca deve ser condescendente para com alguém mais velho ou mais novo. E não finja saber tudo por causa dos seus anos ou da sua autoconfiança. Ao prestar atenção às diferenças entre gerações, constrói pontes em vez de as destruir.

---

* **N. T.** Pessoas da geração do *baby boom* nos anos 50.

> Muitos pensam que estão a pensar quando estão apenas a reordenar os seus preconceitos" – Filósofo William James.

Procurar conselhos de um colega

Uma amiga de longa data que tinha acabado o doutoramento telefonou-me a chorar. Estava convencida de que a sua antiga orientadora, com quem ela discordava frequentemente, estava a sabotar os seus esforços para obter um trabalho como professora universitária. Disse-me que se tinha candidatado a 70 universidades. Algumas pareciam interessadas nela, disse, até contactarem a sua antiga faculdade. Ela tinha desistido.

Lembrei-lhe que o país tem cerca de 2.600 universidades e faculdades acreditadas. Ela tinha apenas contactado uma fracção. Com tantas outras faculdades, estava a declarar a derrota prematuramente. Antes de enviar outra candidatura, sugeri-lhe que tivesse uma conversa franca com a sua orientadora para ver se conseguiam dar tréguas e modelar uma nova resposta quando os potenciais empregadores telefonassem. A minha amiga sentiu-se confortada.

Tarefa
Desenhe algumas bolas de gelado imaginárias num pedaço de papel. Apelide-as com as opções que tem para lidar com um adversário no escritório. Peça sugestões a amigos. Desenhe bolas para as ideias deles. Numa folha de papel limpa, construa um cone de gelado com as melhores ideias.

Antes de declarar derrota em relação a um colega difícil, procure o conselho de um colega de confiança. Outros olhos poderão ver uma oportunidade onde apenas vê a derrota.

> Mais olhos e ouvidos, mais oportunidades.

Peça reforços

Kelly, uma jovem recém-chegada ao seu escritório, sentiu-se desconfortável com as propostas de um colega de trabalho muito mais velho. Ele convidava-a frequentemente para almoçar na cantina e oferecia-lhe boleias para casa. Por vezes, puxava de uma cadeira perto da secretária dela para falarem. Insegura sobre como expressar o desconforto que sentia com ele, desabafou com uma colega mais velha que se sentava perto dela. A colega falou com ele e disse-lhe que se afastasse. Ele protestou, mas acabou por deixar a Kelly em paz.

> **Tarefa**
> Elabore uma lista mental de quem acha que poderia interceder a seu favor com um colega difícil. Mantenha-a à mão.

Por vezes, manifestar-se contra comportamentos inapropriados é insuportavelmente difícil. Se é novo no trabalho, jovem ou apenas determinado a deixar uma boa primeira impressão, tem menos tendência a enfrentar um desordeiro, traiçoeiro ou molestador. Mas os seus colegas mais experientes podem estar perfeitamente à vontade para falar em seu favor. Tire proveito disso.

> O "colega" em "colega de trabalho" indica que estamos todos no mesmo barco.

Prepare-se para uma reunião com o chefe

Quando decidir pedir a um gestor para lidar com um adversário no escritório, aborde a reunião como um gestor. Pergunte antecipadamente quanto tempo é que ele ou ela pode despender. Prepare um guião ou um esboço, especialmente se estiver nervoso, para englobar as suas questões e respeite as limitações de tempo do gestor.

Estabeleça prioridades para os seus comentários e antecipe perguntas de seguimento, aconselha Marie McIntyre em *Secrets to Winning at Office Politics: How to achieve your goals and increase your influence at work*. "Comece pelas suas questões mais importantes", diz ela, "e avance rapidamente, mas esteja preparado para que o inundem com perguntas depois das primeiras três frases. Os executivos não querem ouvir um monólogo."

Tarefa
Faça uma lista num caderno ou num ficheiro digital das questões que quer discutir com o chefe sobre um colega difícil. Ordene-as por importância.

Seja conciso. Vai frustrar o gestor se este tiver que o ajudar a concentrar-se e a encontrar uma solução. Diga ao supervisor como é que tentou combater o problema. E informe-o de outras opções que está a considerar, em especial sobre as mais desagradáveis. Enfatize que tem esperança que o gestor possa sugerir opções melhores.

Acima de tudo, demonstre como a luta constante afecta o seu trabalho. Não argumente com personalidades durante estas conversas. Vai deixar a impressão de que é pouco profissional.

> Uma base sólida irá ajudá-lo a entrar com o pé direito numa reunião com um gestor.

(5)
Gestão interpessoal

Neste capítulo irá aprender:

- como pode melhorar o ambiente no seu escritório
- a compreender melhor os outros e a saber lidar com feitios diferentes
- alguns truques para salvar algumas relações mais problemáticas

Pedir reciprocidade

Alguns colegas vivem de acordo com o mandamento invertido: "É melhor receber do que dar". Eles esperam que os outros os ajudem, mas raramente lhes ocorre fazer o contrário.

O Rafael trabalhou para uma empresa de comunicação social que recebia livros de Gestão para rever. Um colega que recolhia livros para a sua biblioteca local deslocava-se frequentemente ao departamento do Rafael para verificar se havia exemplares a mais. O Rafael até guardou alguns para o tipo. Ele aceitou-os com grande entusiasmo.

Tarefa
Quando alguém lhe retribui um favor, envie-lhe um postal ou um *e-mail* para mostrar o quanto apreciou a sua consideração.

Um dia em que o Rafael tinha um prazo curto a cumprir, precisava desesperadamente do número de telefone de um investigador bem conhecido. Soube que provavelmente o angariador de livros o tinha. O Rafael ligou-lhe. O angariador de livros disse que estava demasiado ocupado para procurar o número. Nem sequer disse: "Eu já te digo alguma coisa." Limitou-se a despachar o Rafael. Desde essa altura, o Rafael deixou de se esforçar por pôr de parte os livros. Presumiu que a reciprocidade definia a relação. Mas esta tinha sido sempre de sentido único.

Para desenvolver relações saudáveis no trabalho, tem de insistir na reciprocidade. De outra forma, vai sentir-se usado.

> Para desenvolver uma relação honesta com um colega de trabalho, insista na reciprocidade.

Ser um bom ouvinte

No Dia do Pai, a pastora da minha igreja fez um sermão elogiando o pai dela por a ter ajudado a sair de uma situação difícil. Um seminário tinha-lhe oferecido uma bolsa de estudos completa. Mas ela visitou o *campus* universitário e achou-o sem vida.

Por outro lado, a sua primeira escolha era uma escola prestigiada com um *campus* movimentado onde os estudantes se envolviam em debates acesos. Para ir para essa escola, ela teria de pagar os seus estudos com empréstimos. Como não queria deparar-se com um conjunto de dívidas quando se formasse, sentiu que não tinha outra escolha senão aceitar a oferta da escola menos convidativa.

Tarefa
Quando um colaborador lhe fala sobre um conflito de pessoal, tire notas para se manter concentrado na conversa e não na sua próxima reunião.

Quando informou o pai a sua escolha por Hobson, este apresentou-lhe um outro cenário possível. Se ela estudasse na escola de prestígio, iria quase de certeza encontrar um trabalho bem pago no fim do curso. Isso deveria capacitá-la para pagar os empréstimos. Essa perspectiva animou-a. Pediu os empréstimos, estudou nessa escola e realmente encontrou um emprego óptimo.

O seu pai foi o exemplo de um bom ouvinte. Ele não a criticou. Em vez disso, ouviu-a e sugeriu graciosamente uma opção que ela não havia considerado.

Os bons gestores têm a mesma função. Eles não criticam quando um colaborador procura conselhos sobre como resolver um conflito. Em vez disso, ajudam os subordinados a ver o problema de uma outra perspectiva.

Essa abordagem aberta a novas ideias irá funcionar particularmente bem em reuniões tensas, em pessoa, com os colaboradores. Quando os ouve, eles sabem que os leva a sério. É difícil para eles discutir consigo.

"A audição é um dos cincos sentidos do corpo. Mas ouvir é uma arte" – Frank Tyger.

Experimentar o humor

É uma pena que os médicos não receitem uma dose diária de riso para quem trabalha – muitos podiam ter aquele agradável dia de trabalho que todos desejamos.

"Os estudos provam que a maioria dos encontros irá decorrer mais suavemente, durar mais tempo, ter mais resultados positivos e melhorar drasticamente as relações quando fizer questão de sorrir ou rir regularmente até ao ponto de isso se tornar um hábito", escrevem os autores Allan e Barbara Pease em *Linguagem Corporal**.

Tarefa
Empregue literalmente este provérbio irlandês como inspiração: "Um bom riso e um sono longo são as melhores curas no livro dos médicos".

Ponha uma quantidade sensata de humor nas suas conversas. Se está a ter uma conversa tensa com um colaborador, o humor irá aliviar a tensão. O humor é também um óptimo ponto de partida para conversas quando não sabe bem como começar uma discussão difícil.

No entanto, não se pode esquecer de um aviso sério. Nunca o deve usar às custas do colaborador. E não o use em demasia. Se o fizer, o colaborador poderá interrogar-se se está a trabalhar um espectáulo de *stand-up comedy*. No entanto, quando servido em doses saudáveis, o humor pode ser mesmo aquilo que o médico devia ter receitado.

> Até as conversas mais sérias beneficiam com um pouco de humor.

---

* **N. T.** Publicado em 2005 pela editorial Bizâncio. O título original é *The Definitive Book of Body Language*.

Transmita confiança na capacidade para mudar

É dado adquirido que, se acreditar que os seus colaboradores conseguem mudar, existem mais probabilidades de assim o fazerem. Se acredita que eles conseguem mudar, certifique-se de que eles sabem isso. Tal como uma bebida energética, as suas palavras de encorajamento irão estimular o estado de espírito deles.

Mudar é difícil. Quando um subordinado tenta passar de um território negativo para um positivo, combate hábitos profundamente enraizados. Essa luta irá provocar ansiedade. Contrabalance isso com um voto de confiança quando o colaborador demonstrar comportamentos responsáveis; diga ou escreva uma mensagem ao colaborador.

Tarefa
Envie hoje uma mensagem ou um *e-mail* de agradecimento a um colaborador que tenha demonstrado melhorias no comportamento.

O consultor de Gestão John Maxwell aconselha os líderes a desempenhar o papel de "profeta positivo" com os seus colaboradores para assegurar o sucesso.

"As pessoas precisam de o ouvir dizer que acredita nelas e que quer que elas tenham sucesso", diz Maxwell em *Leadership 101: What every leader needs to know*.

Alargue essa rede de elogios partilhando o *feedback* positivo que recebe dos colegas do colaborador que notaram ou beneficiaram da mudança de comportamento dele. O ganho para si é a satisfação que resulta da sua influência na transformação de factores negativos em positivos.

"Independentemente da idade que uma mãe tenha, ela procura nos seus filhos de meia-idade sinais de aperfeiçoamento" – Escritora Florida Scott-Maxwell.

Seja sincero

Jessie, uma menina muito activa, provou ser de mais para a mãe quando estavam as duas na fila de espera de uma cafetaria durante a hora de almoço. A mãe tinha um bebé nos braços e tentava manter os olhos na Jessie, que estava determinada a explorar. "Jessie, eu dou-te uma bolacha se tu ficares na fila", disse a mãe.

"Está bem," concordou Jessie. Segundos depois, ela já andava pela cafetaria. Estava tão ocupada a andar de um lado para o outro e a agarrar batatas fritas e outras coisas que, a certa altura, agarrou por engano na minha perna enquanto estava na fila à frente da família dela. Cada vez que a rapariga se escapava da fila, a mãe reforçava o plano de recompensa com bolachas. Finalmente, elas chegaram à caixa registadora e às sobremesas. Enquanto o caixa embalava o meu pedido, ouvi a mãe perguntar: "Jessie, que tipo de bolachas queres?" Jessie teve as suas bolachas. Ela também aprendeu uma má lição: A Mamã nem sempre fala a sério."

Tarefa
Se um colaborador problemático pedir autorização para trabalhar em casa de vez em quando, exija que o seu desempenho melhore e mantenha registos para avaliar o sucesso dele.

Este tipo de falha de credibilidade pode ser desastroso ao lidar com colaboradores problemáticos. Se eles não acreditam que têm de levar a sério as suas exigências de um desempenho melhor, então não vai ter mais domínio sobre eles do que a mãe da Jessie tinha sobre ela.

Tenha atenção à credibilidade quando lida com colaboradores problemáticos.

Pedidos irracionais para iniciar conversas

Mais de 75 por cento de um universo de obesos consultados num inquérito recente afirmaram que tinham hábitos alimentares saudáveis. Cerca de 40 por cento disse que fazia exercício físico vigoroso pelo menos três vezes por semana. As respostas surpreendentes, disse um médico, demonstram que os inquiridos ou são ignorantes ou estão num estado de negação sobre aquilo que é uma dieta saudável ou um exercício vigoroso.

Os colaboradores problemáticos caem frequentemente nessas zonas de ignorância ou negação. Não fazem ideia das suas deficiências e, na realidade, podem ter-se muito mais em conta do que realmente são.

> **Tarefa**
> Afixe uma lista de benefícios do escritório disponíveis para os colaboradores que conquistam uma boa posição. Inclua os critérios de habilitação.

Quando pedem atenções especiais como o aumento do prémio ou a possibilidade de trabalhar em casa, considere essa conversa como a sua deixa para lhe lembrar o que a empresa espera dos seus colaboradores. Diga à colaboradora que terá muito gosto em rever os seus pedidos dentro de uns meses. Mas, por agora, enfatize que gostaria que ela se concentrasse em mostrar o tipo de desempenho que pode dar à empresa.

> Favores especiais devem recompensar o comportamento profissional.

Não passe por cima dos seus gestores

Quando Josh concordou em assumir uma posição temporária como supervisor, o chefe do departamento disse-lhe para pressionar um dos grandes vendedores para que este entregasse os seus relatórios de despesas atempadamente. O vendedor estava sempre muito atrasado e o departamento de finanças queixava-se ao chefe de departamento.

Na mesma semana em que Josh recebeu o seu aviso de demissão desta posição temporária, telefonou ao vendedor e incitou-o a fazer todos os esforços para cumprir o prazo. O dia antes de as despesas terem de ser entregues, telefonou-lhe outra vez para o lembrar do prazo. O vendedor desligou o telefone a suspirar de raiva e queixou-se ao chefe de que Josh era demasiado insistente. O chefe disse a Josh para ter mais calma. Josh desistiu.

Tarefa
Se um dos seus gestores tem uma reunião com um colaborador problemático, passe por lá para dar o seu apoio ao supervisor.

A sua bênção é a melhor coisa que os seus gestores podem ter ao conversarem com um colaborador problemático. Se este pressente uma ruptura na vossa ligação, vai tirar proveito disso. Quando passa por cima dos seus gestores, está apenas a capacitar os colaboradores difíceis.

> Se encarrega os seus gestores de um plano, apoie-os na sua execução.

Por que é importante um pedido de desculpas

"Reúna os suspeitos do costume." Esta linha do lendário filme *Casablanca* é por vezes a estratégia em que os gestores se apoiam para lidar com colaboradores difíceis. É fácil presumir que a culpa é sempre deles quando alguma coisa corre mal, porque muitas vezes eles têm a culpa. Mas por vezes vai errar e, quando errar, peça desculpa.

Em *Os 7 Hábitos das Pessoas Altamente Eficazes**, o guru da Gestão Stephen Covey categoriza tais erros como "levantamentos da Conta do Banco Emocional". Podem frequentemente reverter-se com um simples pedido de desculpas.

Tarefa
"A coragem é graciosidade sob pressão." Escreva esta citação de Hemingway num cartão para usar como inspiração.

"Quando fazemos levantamentos da Conta do Banco Emocional, temos que pedir desculpas e temos que o fazer sinceramente", escreve ele. "Grandes depósitos advêm das palavras sinceras: 'Eu estava errado...'"

Muitos gestores subscrevem a noção de que nunca devem pedir desculpa, especialmente a um colaborador problemático. Eles acreditam erradamente que isso os faz parecer fracos. Na verdade, o oposto é que é verdade. É preciso muita coragem. Se não arranjar essa coragem, cria um problema ainda maior para si. Pode enfraquecer a auto-estima do colaborador que estava a tentar melhorar. Ele pode pura e simplesmente perguntar-se: "Para quê?"

> Um pedido de desculpas dá-lhe mais uma oportunidade para personalizar os seus valores.

Não leve as discussões a peito

Uma definição de dicionário de um escritório dividido em cubículos dizia: "Um frágil ecossistema propenso a incêndios imediatos." A proximidade produz um ambiente que estala com a tensão de interrupções constantes, gritarias e outras faltas de cortesia. Não é surpreendente que um estudo da Universidade de Cornell tenha

---

* **N. T.** Publicado em 2006 pela editora Best Seller. O título original é *The 7 Habits of Highly Effective People.*

concluído que "os ambientes dos escritórios de área aberta, especialmente de cubículos, reduz o desempenho e a produtividade individual."

Tarefa
Decida-se a limitar o *stress* no trabalho, fazendo as suas pausas longe do seu cubículo.

A chave para lidar com o conflito neste ambiente comprimido consiste em ter uma mentalidade de "evitar". Comece por lembrar-se de que um ambiente compacto aumenta as discussões. Se uma colega tem à partida uma personalidade difícil, as reacções dela irão provavelmente ser ainda mais dramáticas no ambiente "de sardinha em lata" de um cubículo.

Se uma colega que é dada a grandes dramas o ataca, diga a si próprio para não levar isso a peito. Tantas vezes um ataque excede a ofensa num ambiente tenso. Se realmente cometeu uma ofensa que despoletou a explosão, reconheça-o, peça desculpa e siga em frente. Se a colega intensifica a hostilidade, desarme-a com: "O que é que quer que eu faça?" Isso coloca o peso nela e mantém-no concentrado numa solução. Faça, acima de tudo, uma abordagem positiva a uma situação muito negativa.

> Os colegas difíceis tornam-se ainda mais difíceis numa estrutura de cubículos. Não assuma estes ataques de forma pessoal.

A arte de ripostar

A resposta engenhosa, tal como o humor, faz maravilhas em batalhas com adversários. Com a espirituosidade como arma, pode neutralizar uma situação tensa. Relaxa. Tira o tapete debaixo dos pés do seu inimigo e talvez até faça o outro sorrir.

5 | Gestão interpessoal (93)

Tarefa
Mantenha a sua mente preparada para respostas engenhosas e para isso preste atenção às respostas que ouviu ou leu. Consulte-a de tempos a tempos para as manter frescas na memória. Um livro interessante foi escrito por Mardy Grothe *Viva la Repartee: Clever comebacks & witty retorts from history's great wits & wordsmiths.*

Quando um elemento da "brigada da comida" ataca publicamente as suas escolhas gastronómicas, utilize uma das frases de Peter Burns: "Tu és aquilo que comes e quem é que quer ser uma alface?" Ou tente "A fome não se discute", uma frase atribuída a Harry Hopkins.

Todos temos capacidade para responder à altura. O problema é que a maior parte lembra-se das respostas engenhosas depois do facto. Essas respostas atrasadas são o que os franceses chamam de "a espirituosidade das escadas." Elas aparecem-lhe quando desce as escadas ao final da noite.

É verdade que alguns parecem ter nascido para estas respostas, mas talvez eles tenham apenas trabalhado mais para desenvolver essa competência. E a arte de ripostar é uma competência. Se a quer desenvolver, então tem que se esforçar constantemente.

> Adicione ditos satíricos às suas munições. O seu oponente nem vai saber o que o atingiu.

Prestar atenção

A saúde dos resultados de uma empresa depende do quanto os seus colaboradores trabalham bem como uma unidade, para produzir a qualidade de bens e serviços que não poderiam produzir individualmente. Para que esse processo funcione, você e os seus colegas têm que dominar a arte do compromisso. Fazer um compromisso com um "arruaceiro" ou outros desordeiros do escritório é algo que provavelmente jurou que nunca faria. Mas lá no fundo sabe que tem de o fazer.

Um elemento crucial na arte do compromisso é compreender o que o seu oponente está a dizer. "Procure primeiro compreender e depois ser compreendido", diz o autor Stephen Covey em *Os 7 Hábitos das Pessoas Altamente Eficazes*.

Tarefa
Numa folha de papel, analise pormenorizadamente uma disputa que há muito ferve lentamente e tente fazer emergir um compromisso.

Preste atenção ao argumento do seu oponente. Depois exponha o seu. Escolha o melhor de cada um e terá um novo, e mais rico, ponto de partida do qual ambos podem reclamar direitos.

> Compromisso significa em Latim "prometer mutuamente". Essa mutualidade é o segredo do grande trabalho de equipa.

Admitir quando está errado

Admitir um erro é provavelmente a última coisa que quer fazer em frente a um oponente no escritório, mas, se acusar alguém de espalhar um boato maldoso e se se verifica que a acusação era falsa, deve um pedido de desculpas a essa pessoa. Pode sentir-se tentado a resistir a essa ideia porque acha que o seu colega é incapaz de ter a mesma consideração para consigo. Mas se jogar pelas regras do seu adversário, torna-se como ele.

Poderia fingir que o incidente nunca ocorreu, mas isso apenas vai piorar a vossa relação já tensa. A sua recusa em corrigir o mal que fez irá possibilitar que o seu adversário desempenhe o papel de injustiçado no escritório. Isso é a última coisa que quer. "Ponha um patife no centro das atenções e ele vai comportar-se como um homem honesto", disse Napoleão Bonaparte.

Tarefa
Se lhe é difícil admitir o seu erro a um oponente, compre um postal simpático e expresse o seu pedido de desculpas por escrito.

Não espere empatia quando pedir desculpa. Afinal de contas, o outro é um espinho a seu lado que provavelmente não se vai transformar numa rosa só porque lhe pediu desculpa. Não deixe que isso o aborreça. De qualquer forma, o pedido de desculpas tem essencialmente a ver consigo. Demonstrou que é honesto e suficientemente corajoso para admitir os seus erros.

> Admitir um erro seu a um oponente é uma das coisas mais corajosas que pode fazer.

Agora é você o chefe

O final mais feliz que a sua batalha de longa data com um oponente pode ter é uma promoção que o torne supervisor dele. Ficaria tentado a exercer poder para se vingar da pessoa por toda a dor e miséria que esta lhe causou. O quanto seria tentador dar-lhe as piores tarefas ou avaliações ou ignorar os seus pedidos de ajuda com outro oponente.

Tarefa
Para permanecer objectivo relativamente às capacidades de um antigo oponente, aponte as capacidades necessárias para um determinado projecto e, de seguida, compare-as com as competências e experiência dele. Se aparece no topo, dê-lhe uma oportunidade.

Não gira com base no passado ou no que presume que acontecerá no futuro. Você é que manda nesta relação. Aja de acordo com isso. Tal como qualquer outro que supervisione, distribua tarefas tendo por base as competências, não a raiva. Mas torne claro que até que o colaborador faça alguma coisa para melhorar as competências interpessoais que tanta falta lhe fazem, algumas tarefas irão estar-lhe sempre inacessíveis.

> Quando se tornar o chefe de um oponente, comece uma nova relação com um ritmo positivo que avance.

(6)
Equilíbrio entre vida pessoal e profissional

Neste capítulo irá aprender:

- a separar os problemas da empresa da sua vida pessoal
- a saber quando parar e a importância de fazer uma pausa

Não leve para casa os problemas relacionados com as pessoas difíceis

Diz-se que Einstein descobriu um elemento-chave da sua teoria da relatividade enquanto descansava numa colina relvada. Newton descobriu a teoria da gravidade debaixo de uma macieira quando uma maçã caiu e lhe bateu na cabeça. No que toca à resolução de problemas, fazer uma pausa dos seus problemas é muitas vezes a melhor estratégia.

Dê a si mesmo uma pausa da discórdia dos assuntos de pessoal e não leve para casa os problemas. Se tiver uma inspiração ao jantar sobre como lidar melhor com um colaborador difícil, escreva a ideia num bloco de notas e guarde-o até ao dia seguinte.

Tarefa
Entretenha-se em casa com o que desejar. Faça umas palavras cruzadas, jogue um jogo de tabuleiro ou simplesmente afunde-se numa poltrona.

Pergunte a si próprio o que é que tem a ganhar ao preocupar-se em casa com um problema de trabalho. Se a resposta é nada, essa é mais uma razão para pôr de lado o problema até regressar ao trabalho. Faça uma pausa equivalente ao descanso na colina relvada ou à pausa na macieira. Deixe que o seu tempo em casa represente isso. A clareza que irá ganhar pode levá-lo a grandes descobertas.

> Coloque a bagagem de trabalho na prateleira ao fim do dia.

Fazer uma pausa

Muitas empresas permitem pausas aos seus colaboradores porque sabem que é importante que eles descansem a cabeça e o corpo. Faça uma pausa, para o ajudar a contrabalançar um dia de conflitos de pessoal particularmente difícil com algum tempo de despreocupações para si.

Descansar durante o dia é um conceito difícil de aceitar para os empresários de pequenas empresas. Por isso, muitos tratam melhor dos seus negócios do que de si mesmos.

Tarefa
Escolha um momento todos os dias onde possa tirar cinco minutos para meditar ou reflectir à sua secretária.

"Alguns habituam-se tanto a funcionar num estado de ansiedade, que mesmo tentar relaxar pode criar ansiedade", escreve Jim Claitor e Colleen Contreras em *Build the Life You Want and Still Have Time to Enjoy It*.

Siga o exemplo de alguns executivos que lideram grandes empresas. Vá para o seu escritório, apague as luzes e baixe a cabeça durante alguns minutos. Dê a si mesmo uns 15 minutos de férias de puro nada. Deixe dos seus problemas (temporariamente) para que não se esgote.

> Por vezes, a melhor forma de lidar com a electricidade estática é desligar a televisão.

(parte III)
Gerir
os outros

(7)
Sobreviver no dia-a-dia

Neste capítulo irá aprender:

- alguns truques de relacionamento pessoal para tirar proveito das situações mais complicadas
- a dar a volta a alguns comportamentos abusivos
- a melhorar o seu desempenho sem conflitos

Encorajar os gestores a comunicar problemas

Quando o ano lectivo começa, faço questão de me apresentar aos professores dos meus filhos, que frequentam o ensino secundário. Peço-lhes que me mantenham informada sobre os problemas com o trabalho dos meus adolescentes. Também me mantenho em contacto ao longo do ano escolar. Esforço-me, porque não quero ser surpreendida por um problema no final do ano lectivo, quando os alunos têm menos opções para mudar.

Como gestor, os problemas sérios, particularmente problemas de pessoal, não o devem apanhar desprevenido. Uma revolta aberta da sua equipa ou a demissão de um jogador de topo não devem ser a primeira situação em que toma conhecimento de um problema que existe na sua equipa.

Tarefa
Leve os seus gestores a almoçar ou a tomar café de vez em quando. Encoraje-os a procurar os seus conselhos.

Deixe claro aos seus gestores que, apesar de ter fé na capacidade deles para lidar com os problemas dos seus subordinados, quer ser informado dos mais graves. Logo, de vez em quando pergunte aos seus gestores se estão a enfrentar alguma questão difícil de pessoal e como é que estão a lidar com ela. Assegure-lhes que, quando não souberem que mais poderão fazer, podem pedir o seu conselho.

> Insista em receber actualizações sobre colaboradores problemáticos.

Verifique se as equipas têm pontos de tensão

O talento é importante numa equipa. Mas, de muitas formas, o trabalho em equipa é mais importante. Os ex-colegas de equipa nos Lakers de Los Angeles, Kobe Bryant e Shaquille O'Neal, ilustram como o talento sem o trabalho de equipa equivale a uma equipa perdedora.

Enquanto as duas estrelas se hostilizavam, a equipa não conseguiu ganhar a final da NBA. Assim que o treinador Phil Jackson acabou com a luta, o par liderou os Lakers em três campeonatos. "As equipas só desempenham tão bem quanto o líder de equipa", diz Joanne Sujansky, *president* do Key Group, uma consultora de locais de trabalho em Pittsburg. Quando o trabalho dos elementos da equipa vacila, o líder deve ter a responsabilidade de os fazer desempenhar melhor, diz Sujansky. O líder deve motivar, estabelecer critérios e facultar *coaching*. Acima de tudo, o líder deve descobrir por que é que a produtividade dos elementos diminuiu.

Tarefa

"Cabeças quentes e mãos frias nunca resolveram nada" – Rev. Billy Graham. Use esta citação como parte da sua incitação a uma equipa.

"Podemos aprender alguma coisa e podemos orientar essa pessoa para que ela tenha um melhor desempenho," diz ela. As equipas em pleno funcionamento são inestimáveis para qualquer organização, mas, como as estrelas da NBA mostraram, esse valor pode facilmente perder-se quando se estabelecem atitudes anti-equipa.

> Uma equipa vencedora sabe o valor do verdadeiro trabalho de equipa.

Sugerir melhores hábitos de trabalho

Se uma fada madrinha pudesse conceder dias de 25 horas, alguns iriam provavelmente desperdiçar a hora extra. O trabalhador típico norte-americano desperdiça duas horas de um dia de trabalho de oito horas, segundo um inquérito AOL/*Salary.Com*. Isso é cerca do dobro do que os empregadores estão à espera. E esse tempo improdutivo nem sequer inclui o almoço ou pausas.

(106) Como gerir pessoas difíceis

Alguns colaboradores têm muita dificuldade em gerir o tempo e não irão melhorar até os ajudar. Está provavelmente numa boa posição para o fazer, porque muitos empreendedores são excelentes gestores de tempo. Têm de ser.

Tarefa
Peça os seus melhores colaboradores que contribuam para o boletim informativo ou o *site* da empresa com as suas melhores dicas sobre gestão do tempo.

Dê aos que adiam dicas sobre como podem dividir um projecto em fracções e determinar quanto tempo irão precisar para cada fase. Essa é também uma excelente estratégia para os ajudar a visualizar como um projecto se desenrola do presente para o futuro. O tempo então torna-se algo que eles podem ver. E deixa de ser uma massa disforme que misteriosamente lhes "escapa das mãos" todos os dias.

> Invista nos seus colaboradores facultando regularmente competências de gestão do tempo.

Uma chamada de atenção para os que se atrasam

Pertenço a um grupo de meditação com competências exemplares de gestão do tempo. As sessões começam sempre à 08h00 em ponto. Os que se atrasam têm de aguardar no *hall* de entrada até que o grupo saia para uma meditação a pé. Isso é *Zen* e a abordagem sensata às reuniões.

Os colaboradores que se atrasam repetidamente para as reuniões devem sempre encontrar uma reunião em andamento e não à espera da sua chegada. Não devem ser recompensados com uma revisão do que perderam. Se está agendado que eles façam uma apresentação na reunião, passe para o próximo ponto na agenda.

> **Tarefa**
> Habitue-se a começar e a acabar as reuniões à hora marcada.

Quando os que se atrasam chegam, faça-os esperar, caso necessário, até que possa encaixar a apresentação deles. O constrangimento de tal situação embaraçosa poderá mesmo ser a chamada de atenção que os que se atrasam precisam.

> As horas iniciais de uma reunião nunca devem começar com alguém que se atrasa.

Relembre aos colaboradores a cadeia de comando

Uma cadeia de comando é importante numa empresa. Ela permite que os executivos determinem quem deve ser responsabilizado por um problema de pessoal. Mas, para os colaboradores insubordinados, uma cadeia de comando não é nada. Afinal de contas, eles desprezam a autoridade. Não vão hesitar em passar por cima do seu supervisor e levar as suas preocupações directamente ao topo. A abordagem deles pode fazer com que o seu supervisor se sinta diminuído.

Se um colaborador não segue o protocolo e vem ter directamente consigo com uma questão, relembre-lhe a cadeia de comando com duas perguntas: (1) Falou com o seu supervisor? (2) Qual foi o resultado?

> **Tarefa**
> Numa reunião de equipa, lembre aos colaboradores que, quando estes têm preocupações, o supervisor deles deve ser o primeiro ponto de contacto.

Mas, uma cadeia de comando não deve ser demasiado rígida. Se o supervisor directo de um colaborador é agressivo ou ineficaz, este deve ser encorajado de todas as formas possíveis a saltar acima na cadeia para procurar ajuda.

> Não permita que os colaboradores insubordinados reorganizem a sua cadeia de comando.

Não deite mais achas para a fogueira

Na matemática, se adicionar um negativo a outro negativo, obtém um negativo ainda maior. Por outro lado, se adicionar um positivo a esse negativo, o negativo vai diminuir ou desaparecer por completo. Este é um bom princípio para se ter em mente quando o "exaltado" do escritório o confronta. Saber como corresponder à sua negatividade com um positivo vai conduzir qualquer encontro desagradável com ele para um território mais positivo.

Uma forma de fazer isto é usar a componente da surpresa. Não responda aos insultos dele com insultos seus. Em vez disso, responda com calma. Esta abordagem é, realmente, difícil. Pede muito mais maturidade do que aquela que a maioria consegue demonstrar durante um confronto. Mas é uma estratégia que lhe irá trazer boas companhias.

Tarefa
Use esta citação como inspiração e motivação: "Vingar-se de alguém não é a forma de passar à frente de alguém" – Cullen Hightower.

No seu livro *Os 7 Hábitos das Pessoas Altamente Eficazes*, o autor Stephen Covey enfatiza a abordagem *Win-Win*, ou a arte de tornar uma situação negativa num ganho para todos. A capacidade de o fazer é uma marca de maturidade emocional.

"Se eu a tenho, posso ouvir, posso compreender claramente, mas posso também confrontar corajosamente," diz ele. Assim que dominar a arte de apagar o fogo em encontros inflamáveis, poderá lidar com quaisquer encontros difíceis no trabalho, com confiança e à-vontade.

> Reúna alguma calma e use-a como um extintor de fogos para os "exaltados" do escritório.

Não deixe que as "P.D.s" o deitem abaixo

Todos os escritórios têm as suas "prima-donas" ("P.D.s"), criações da própria imaginação delas e de gestores indulgentes. As "P.D.s" têm uma afinidade fácil com o chefe. As suas famílias podem até socializar. Elas recebem as melhores tarefas e os melhores recursos para executar essas tarefas. Nestas circunstâncias, muitos outros colaboradores poderiam produzir um óptimo trabalho, mas as "prima-donas" nunca reconhecem esse facto.

> **Tarefa**
> Escreva: "Por favor não alimente as 'prima-donas'." Recorra a isto quando encontrar a "prima-dona" do escritório.

Uma vez, escrevi uma história sobre um grupo de solidariedade social que distribuía fatos de trabalho usados a mulheres de baixo rendimento que estavam a reentrar no mercado de trabalho. A história incluía um número para se ligar para fazer doações.

Uma "prima-dona" do nosso escritório ligou-me a dizer que tinha roupas maravilhosas para doar, mas que estava demasiado ocupada para fazer a chamada e entregar as roupas. Ela queria que eu tratasse disso. Disse-lhe que também estava ocupada. Ela acabou a conversa a suspirar de raiva e foi fria comigo desde esse dia. As "prima-donas" prosperam por lhes concederem os desejos. Não têm problemas em abusar dos outros, mas sentem-se exploradas quando os outros fazem o mesmo. Para seu bem e para o bem do escritório, por favor não alimente as "prima-donas".

> As "prima-donas" dos escritórios acham que estão acima de si. Mas deve considerar esse tipo de pensamento como estando abaixo de si.

O telemóvel e o que nos aflige

Uma colaboradora que usa o telemóvel exclusivamente em casa deixou-o acidentalmente no escritório durante o fim-de-semana. O telefone tocou frequentemente com uma música de *rock* de fraca qualidade sonora. Ela não telefonou para avisar os colegas sobre o seu esquecimento ou para lhes pedir que o desligassem. Resignou-se apenas a deixá-lo tocar. E tocou muitas vezes, até que um colega de trabalho frustrado foi até à sua secretária e o desligou.

O uso abusivo dos telemóveis é emblemático daquilo que aflige os colaboradores em ambientes de cubículos. A etiqueta ainda tem de entrar neste ambiente.

Tarefa
Peça ao seu supervisor se pode elaborar uma lista do que se deve e não deve fazer como regras de etiqueta de telemóvel e distribuí-la pelos colaboradores.

"Tudo os que os cubículos fazem é alimentar a raiva – especialmente se a transposição para os cubículos não for acompanhada de uma formação cívica", diz Giovinella Gonthier em *Rude Awakenings: Overcoming the Civility Crisis in the Workplace*.

O uso abusivo dos telemóveis é uma das manifestações mais visíveis de descortesias nos cubículos. As violações variam entre aqueles que falam demasiado alto, à escolha de toques de telefone intrusivos, ao deixar o telemóvel ligado para trás. Eu adoro a *Ode à Alegria* e a *Quinta Sinfonia* de Beethoven. Mas odeio-as na forma de toques de telefone sombrios.

Se o telemóvel de um colega está a perturbar os seus ouvidos, peça-lhe educadamente que baixe o volume. E se ele se esquece frequentemente do telemóvel quando vai almoçar, deixando-o a si e a outros a sofrer, peça-lhe que o desligue ou que o leve consigo. Se alguém se esquece do telemóvel depois de falar, peça a sua autorização para ir desligar o telefone.

> O uso abusivo dos telemóveis contribui para a deterioração da vida nos cubículos.

Não deixe que um colega agressivo destrua a sua reunião

Assisti várias vezes a esta situação. Um colaborador preside a uma reunião e os colegas mesquinhos preparam-se para minar a autoridade dele. Os mesquinhos gostam particularmente de desafiar a autoridade de um colega quando um gestor está presente. Não há nada que faça um destruidor de reuniões mais feliz do que engendrar a sua dissolução com um chefe como testemunha. Os destruidores têm geralmente sucesso com pessoas que não estão preparadas e que são inseguras. Falham quando alguém que preside à reunião torna claro, pela sua confiança e eficiência, que é ele que manda ali.

Basta-lhe dominar apenas algumas técnicas para conseguir manter os destruidores de reuniões sob controlo. Primeiro, lembre-se de que tem a autoridade para presidir à reunião. Tudo ocorre como resultado disso: os tópicos de discussão, os limites de tempo para falar.

Tarefa
Use esta citação como fonte de inspiração antes de entrar para uma reunião: "Se comandar sabiamente, será obedecido com alegria" – Thomas Fuller, sacerdote e escritor britânico.

(112) Como gerir pessoas difíceis

Se um colega autoritário fala sem parar, peça-lhe que faça um resumo final para que as outras perspectivas também possam ser ouvidas. Se alguém fala fora da sua vez, peça-lhe que espere. Quando os destruidores de reuniões têm sucesso, fazem-no agir na defensiva. E assim perde credibilidade e autoridade. Ao dominar algumas técnicas, pode manter o controlo da reunião.

> Para parafrasear uma observação da Bíblia, "nenhuma reunião pode servir dois mestres".

Rejeite *e-mails* ofensivos

O antigo CEO da Boeing Co. foi persuadido a sair da reforma para liderar a empresa num período turbulento. Mas o homem, pai e avô, foi mais tarde forçado a abandonar o seu alto posto depois de se descobrir o seu caso amoroso com uma outra executiva da empresa, através de um rasto de ardentes *e-mails*.

E-mails questionáveis já afundaram muitos navios no local de trabalho e irão provavelmente afundar muitos mais, porque as empresas têm-se revelado progressivamente intolerantes à falta de etiqueta no *e-mail*. No entanto, alguns colaboradores não perceberam a mensagem e fazem circular alegremente *e-mails* racistas ou pornográficos. Alguns colaboradores acreditam que o material é inofensivo e que entretém, e partilham-no avidamente. Mas algumas empresas não estão contentes e já despediram colaboradores imediatamente devido a *e-mails* ofensivos.

Tarefa
Elabore uma resposta "não enviar" para enviar aos colegas que lhe reencaminham *e-mails* ofensivos.

Ignore esse tipo de *e-mails* ou peça a um colega que deixe de os enviar. Fazer circular *e-mails* arriscados tornou-se um risco maior do que nunca.

> A única coisa que se interpõem entre você e o desemprego pode ser um *e-mail* ofensivo. Nunca reencaminhe um.

Mude de lugar se tiver que ser

Quando é que precisa de mudar a sua cadeira? A Carla teve que considerar esta questão enquanto lidava com a líder de uma equipa de microadministração. Ela rescrevia os relatórios da Carla e, segundo a opinião de muitos, piorava-os. Por vezes ficava com os louros da pesquisa mas, se inserisse um erro acidentalmente, culpava a Carla. Quando a Carla se queixou, ela retaliou "esquecendo-se" de lhe passar informações sobre reuniões de última hora.

O tormento da Carla não se ficava por aqui. Ela trabalhava ao lado da colega, que muitas vezes comentava as conversas da Carla com os clientes. A Carla falou com o gestor da colega várias vezes. Isso acabava com o comportamento de retaliação por uns tempos, mas este acabava sempre por voltar. Por fim, a Carla pediu, e foi-lhe concedido, que a transferissem para uma nova equipa e um novo lugar.

Ela considerou-se fraca por não ter sido capaz de rectificar a sua situação, mas a questão é que, se o seu lugar o está a impedir de realizar um bom trabalho, tem que mudar de lugar.

Tarefa
Faça uma lista com os prós e contras de continuar a trabalhar com um colega difícil. Some-os. O número mais alto ganha.

> "Coloque-se numa sala diferente, é para isso que serve a mente" – Romancista Margaret Atwood.

Rancor e companheiros de viagem? Siga em frente

A única coisa pior do que estar preso num escritório com um colega que o indispõe é estar preso numa viagem de negócios com ele. Se a pessoa é desagradável no escritório, pode ser totalmente insuportável no ambiente mais comprimido de um carro ou avião.

Os gabarolas são particularmente difíceis de suportar na estrada devido à sua incessante tagarelice. Minimize as conversas intrusivas aceitando uma sugestão dos viajantes frequentes. Leve consigo um grande fornecimento de distracções: um iPod, um computador portátil e livros. E diga ao colega tagarela que tem que aperfeiçoar uma apresentação.

Tarefa
Antes de uma viagem temida, aponte as suas opções para sair de uma conversa com um colega intrusivo.

Seja educado e, por vezes, envolva-se em conversas breves para impedir que a relação sofra mais tensão. Mas não satisfaça o seu colega de viagem mais do que o que faria no escritório.

> Certifique-se de que está equipado para sobreviver a uma viagem com um adversário do escritório.

Divirta-se apesar dos objectores

Quando se trabalha com "queixinhas", é difícil arranjar coragem para celebrar qualquer coisa positiva no escritório. Mas isso é precisamente aquilo que deve fazer: Centre-se nas coisas positivas. Celebre as promoções, os aniversários daqueles que ainda os reconhecem, os casamentos e nascimentos iminentes. Não deixe que os ocupantes do canto "ahem" o desencorajem de facultar um alívio temporário ao mau humor deles.

Lembre-se só de seguir algumas regras de etiqueta para evitar dar aos objectores mais razões para se queixarem. Estabeleça um mínimo recomendado para o envelope da colecta. Seja razoável para que as pessoas não se sintam pilhadas. Alternativamente, poderá pedir-lhes que tragam comida.

Tarefa
Envie um *e-mail* a pedir aos seus colegas que escolham a melhor data para a próxima festa.

No dia da festa, comece imediatamente para que não tenha grupos de pessoas a andar às voltas e tente não fazer muito barulho, para não perturbar os colegas que estão determinados a trabalhar em vez de participar numa festa de escritório.

Depois da festa, não se esqueça de enviar um *e-mail* agradecendo a todos os que contribuíram e que ajudaram a animar o ambiente do escritório, mesmo se só por um dia.

Desafie os resmungões do escritório. Celebre!

Perfeição

O único colega que alguma vez ouvi a referir-se continuamente a estatísticas sobre o tempo mínimo de exercício físico era um devoto da TV e do sofá. Ele planeava cumprir um dia aquele mínimo diário – na altura 45 minutos – para o exercício perfeito. Mas como não conseguia passar do zero aos 45 na perfeição, o único exercício físico que escolheu foi manusear o controlo remoto.

É assim que o perfeccionismo funciona muitas vezes. Pode ser absolutamente paralisante. E quando tem como parceiro um perfeccionista, o resultado pode ser uma relação de trabalho longe de ser perfeita.

(116) Como gerir pessoas difíceis

> **Tarefa**
> Para inspiração: "Empenhar-se para obter excelência motiva-o; empenhar-se para obter perfeição é desmoralizante" – Psicóloga e consultora de Gestão Harriet Braiker.

O perfeccionismo deles significa geralmente que têm dificuldades em cumprir prazos, porque a sua busca pela perfeição acrescenta tempo desnecessário ao seu trabalho. O medo de tomar uma decisão errada deixa-os na indecisão. Tentar alcançar um consenso pode deixá-lo exausto.

Para que consiga manter a sua paz de espírito, irá ter de assumir um papel activo para se assegurar do sucesso do projecto. Sugira um esboço e um ritmo para criar ímpeto.

Diga ao perfeccionista que aprecia o grande cuidado com que ele faz o seu trabalho, mas lembre-lhe que o trabalho atrasado está longe de ser perfeito.

> O perfeccionismo tem muitas vezes pouco que o recomende.

Onde está o meu agrafador?

O escritório de cubículos reflecte coisas diferentes para pessoas diferentes. Considere o material de escritório. Para os que pedem coisas emprestadas de forma crónica, a grande exposição dos cubículos representa um verdadeiro bazar *self-service* de materiais de escritório. Não importa que os materiais pertençam à secretária de alguém.

Os que pedem coisas emprestadas em série não vêem limites. Além do mais, eles juram a si próprios que vão devolver as coisas de imediato. É claro que nunca o fazem. Aí está a raiz do problema.

> **Tarefa**
> Crie um ficheiro *on-line* ou fichas de cartão para se manter a par das coisas que emprestou aos seus colegas.

Uma colega era tão maníaca a levar coisas emprestadas sem autorização que quando as pessoas não conseguiam encontrar alguma coisa ela era a principal suspeita. Era famosa por levar emprestados agrafadores e fita-cola e não os devolver. Ela não fazia ideia das inconveniências que causava quando os outros tinham de perseguir os seus próprios materiais.

Se der pelos seus materiais na secretária de um colega assim, recupere-os e deixe-lhe um bilhete firme, mas com humor, para insistir no respeito de limites: "Eu não me importo de emprestar coisas. Mas não gosto quando mas raptam."

Insista para que lhe peçam a sua autorização antes de tirar coisas da sua secretária. Tal como numa biblioteca, quando os colegas levam coisas emprestadas, como livros ou revistas, limite o tempo que eles as podem ter em seu poder. Certifique-se de que agradece aos seus colegas quando eles lhe devolvem as coisas de imediato. Tem de encorajar esse comportamento.

> "O génio pede emprestado de uma forma nobre", diz Ralph Waldo Emerson. E empresta também de forma nobre.

Concentre-se no bem

Um antigo colega adorava dar ideias para reportagens. Gostava de conversar, sabia muito e gostava de estar a par de tudo. Contudo, a sua insegurança impedia-o de aceitar sugestões de outros. Descartava as ideias dos outros para reportagens como sendo desactualizadas, pouco importantes ou irrelevantes. Irritava-me muitas vezes quando ele catalogava as minhas ideias desta forma. A dada altura, estive a pontos de nunca mais aceitar uma sugestão dele.

(118) Como gerir pessoas difíceis

> **Tarefa**
> Aponte os aspectos bons e os maus de um colaborador irritante. Veja se consegue manter uma relação cordial concentrando-se nos aspectos bons.

Mas depois apercebi-me do quanto seria tola essa estratégia. Por que é que me afastaria de uma fonte fiável de boas ideias? Decidi então manter essa linha de sugestões aberta. Se ele se queria afastar de fontes de reportagens, isso era lá com ele – e possivelmente com o terapeuta dele, não comigo.

> Relativamente a lidar com colegas, a estratégia do "tudo ou nada" pode virar-se contra si.

Quando a melhor estratégia é seguir em frente

Por vezes a cultura empresarial da sua empresa vai contra os seus valores, particularmente uma que tolera questões como incompetência e intimidações. Quando a cultura não se adapta para respeitar os seus valores, é altura de seguir em frente. Tente tomar a decisão de deixar de lado a esfera emocional. Se se vir envolto nos seus sentimentos, vai sentir-se egoísta por deixar um bom emprego. Sente-se e faça uma lista das razões para ir e para ficar. Baseie a sua decisão nos números frios e precisos.

> **Tarefa**
> Actualize o seu C.V., comece a procurar anúncios de emprego *on-line* e nos jornais. Participe em sessões de *networking* de grupos da indústria para descobrir um novo emprego.

Não é a primeira pessoa a deixar um emprego por causa de colegas difíceis e não vai ser a última. Colegas e gestores difíceis são duas grandes razões pelas quais as pessoas fogem das empresas.

Se a cultura empresarial gera comportamentos rudes para as mulheres ou minorias, é o momento de seguir em frente. Se, apesar dos seus protestos à gestão, um oponente retoma comportamentos inapropriados para consigo, é altura de sair e de procurar compensações lá fora.

Ter de lutar a mesma batalha repetidamente é um sinal de que está a trabalhar num ambiente que vai contra os seus valores. Como sua última acção, deve elaborar uma estratégia de saída.

> Quando se sente deslocado pelas razões erradas, é altura de seguir em frente.

(8)
Relações com e entre colegas

Neste capítulo irá aprender:

- a perceber quais são os colegas que podem ajudá-lo e os que não podem
- a compreender melhor o comportamento daqueles com quem trabalha

Aprenda tudo sobre lidar com colaboradores difíceis

Não tem de ir imediatamente tirar um curso de Psicologia para aprender como lidar com colaboradores problemáticos. Mas deve aproveitar algum conhecimento.

Nos últimos anos, vários executivos de empresas que foram julgados por acusações de corrupção invocaram que não sabiam que os seus subordinados estavam a cometer infracções. Esses executivos do tipo "não fazia ideia" provaram de uma forma espectacular o quanto um gestor mal informado arrisca com colaboradores problemáticos.

Tarefa
Acabe de ler este livro e aplique no seu local de trabalho a informação aqui contida. Complemente estes conselhos com livros das listas de *best-sellers* da área dos negócios apresentadas pelos jornais ou *on-line*.

Podem arruinar o seu negócio, afastar os seus clientes e dificultar a dinâmica do escritório. Se se sente completamente perdido na resolução deste tipo de problemas, experimente um pouco de conhecimento. Vá a um seminário sobre resolução de conflitos de pessoal, leia um livro, recolha informação *on-line* ou oiça uma cassete ou CD.

Mesmo que decida consultar um advogado, irá beneficiar mais do encontro se trouxer alguma coisa para a mesa. Os gestores eficazes aprendem o mais que podem sobre tópicos que lhes são estranhos só para se certificarem de que estão a fazer as perguntas certas.

Se a falta de tempo o está a impedir de ser pró-activo em assuntos relacionados com o pessoal, comece pelo *The Little Guide to Your Well-Read Life* de Steve Leveen, um pequeno livro que oferece estratégias sobre como encontrar livros interessantes, como avaliá--los rapidamente e como reter aquilo que leu. Ler para aprender é uma óptima maneira de investir nos seus colaboradores, na sua empresa e em si próprio.

> O ditado diz que "a ignorância é uma bênção", mas não no que toca aos problemas de pessoal.

Desenvolver uma solução em conjunto

Como mãe de adolescentes, sei que a negociação antecede sempre a persuasão. Se permito que ajudem a definir as regras, eles irão estar mais inclinados a aceitá-las. Uma abordagem autoritária não funciona com uma faixa etária tão naturalmente propensa à rebeldia.

Os adolescentes não são o único grupo com quem a abordagem integrada funciona. Os colaboradores irão adoptar uma política se puderem contribuir para ela. Se adoptar uma abordagem de cima para baixo com os "agitadores" do escritório, irá perpetuar ou aumentar o problema.

> **Tarefa**
> Se um plano de acção correctivo está sobrecarregado de ideias suas, abra espaço para mais contribuições dos colaboradores. Deve ser a "Declaração de Independência" deles, não a sua.

Procure a contribuição dos colaboradores desde o início, antes de elaborar um plano de acção correctivo. Pode não apreciar esta sugestão. Pode parecer-lhe uma rendição. Mas comportar-se como um ditador também não lhe irá trazer as mudanças de comportamento que procura.

Em *Quiet Leadership: Six Steps to Transforming Performance at Work*, David Rock diz: "Deixar que os outros cheguem às suas próprias conclusões quando as coisas não correm bem é mais confortável para todos e é mais provável que resulte no que todos querem: aprendizagem e mudança de comportamento para a próxima vez."

Por isso, pergunte aos que menos se aplicam quais as suas novas estratégias para chegar a horas ao trabalho e o que é que pode fazer para os ajudar. Irá capacitá-los para pensar e trabalhar de uma forma que é mais útil a todos.

> Para ganhar o coração e a mente dos colaboradores, dê-lhes voz.

Certifique-se de que o colaborador compreende

Por vezes a versão dos outros sobre uma reunião de equipa difere tão drasticamente da minha que me interrogo se estivemos na mesma reunião. Basicamente, as nossas suposições e interpretações produzem mensagens contraditórias. É por isso que as perguntas de acompanhamento são tão importantes. Elas permitem que o gestor clarifique as ambiguidades.

Quando está a lidar com um colaborador problemático, a ambiguidade é algo que se deve evitar a todo o custo. Ele compreende que chegar a horas ao trabalho significa estar às 09h00 na sua secretária e não a estacionar o carro? Compreende que o trabalho consiste em mais do que aquilo em que ele se quer concentrar?

Tarefa
Escreva "D&R" num pedaço de papel para não se esquecer de garantir que todas as suas conversas com colaboradores difíceis consistem em Dar & Receber.

Uma comunicação transparente consiste em dar e receber. Encoraje o colaborador a fazer perguntas numa reunião entre apenas vocês os dois para abordar as suas preocupações sobre o desempenho dele. E deve fazer perguntas ao colaborador. Verifique se ele o compreendeu perguntando-lhe a opinião sobre o que você disse. No final da reunião, resuma os pontos principais e faça o acompanhamento da conversa com um memorando que documente esses pontos.

8 | Relações com e entre colegas (125)

Poupe tempo, esforço e frustração certificando-se de que o colaborador compreende o que espera dele.

> A ambiguidade nunca é o objectivo da comunicação, mas é frequentemente o seu resultado.

Agradecer a cooperação

A minha família agradece-me sempre quando gosta de uma refeição que preparo. Apesar de preparar as refeições ser o meu trabalho (eu sou a *chef* da família), a sua gratidão inspira-me a continuar à procura do elemento "Uau" na culinária.

Esta dinâmica também funciona no escritório. Apesar de os colaboradores serem pagos para trabalhar, eles querem que lhes agradeçam. Como disse o filósofo William James: "O princípio mais profundo da natureza humana é o desejo de reconhecimento."

Tarefa
Torne o "Obrigado" parte das suas conversas com os colaboradores.

No entanto, muitas empresas subestimam o poder do "Obrigado". Num inquérito recente à opinião pública, menos de um terço dos trabalhadores norte-americanos concorda bastante que recebeu qualquer elogio de um supervisor nos últimos sete dias. Isso totaliza imensas oportunidades para reconhecer um bom trabalho.

O que é óptimo na gratidão é que inspira os colaboradores a fazer mais do que apenas o mínimo esforço. Inspira os colaboradores a melhorar e a continuar a prosperar. Todos esses esforços irão fortalecer os resultados. Logo, se uma colaboradora com um registo de absentismo crónico junta seis meses de comparência perfeita, agradeça-lhe. Isso não é rendição, como alguns chefes o poderão entender; é um movimento estratégico para encorajar os bons hábitos.

> A gratidão é um investimento. Se a demonstrar, irá colher os dividendos.

Reconheça os colaboradores que neutralizam situações tensas

Pode ter elementos na sua equipa que se evidenciam no papel de "pacificador". Quando ouvir os seus feitos heróicos, elogie-os. Eles facilitam a sua tarefa de lidar com colaboradores problemáticos.

O magnata do petróleo John D. Rockefeller compreendia o valor dos colaboradores com competências interpessoais extraordinárias: "A capacidade para lidar com pessoas é um bem que se pode adquirir como o açúcar ou o café, e eu estou disposto a pagar mais por essa capacidade do que por qualquer outra que esteja à venda."

Tarefa
Envie notas ou *e-mails* de agradecimento aos colaboradores que neutralizam situações tensas.

Se os mediadores naturais do seu escritório acabam com um confronto entre colegas em guerra ou se eles mesmos demonstram controlo quando um colega lhes descarrega insultos, elogie o pacificador por demonstrar um comportamento exemplar. Diga algo como: "Ouvi dizer que lidou bem com aquela situação terrível. Obrigado."

Estes colaboradores são geralmente humildes sobre a sua capacidade para manter a paz, porque as competências de negociação são para eles naturais. E, muito provavelmente, iriam continuar o seu trabalho fundamental sem o seu elogio. Eles continuam, no entanto, a merecer reconhecimento, especialmente em frente a outros que possam ficar inspirados de forma semelhante.

> "Aquele que alivia o fardo do mundo para o outro não é inútil neste mundo" – Charles Dickens.

A carga de trabalho está equilibrada?

Não é segredo que os trabalhadores dos dias de hoje enfrentam geralmente uma maior carga de trabalho e mais horas. Na verdade, algumas empresas mudaram para o modo inverso de tentarem fazer mais trabalho com menos colaboradores. Apesar deste terrível desequilíbrio, muitos escritórios têm ainda colaboradores que lutam, com sucesso, contra as tentativas de lhes pedirem que façam mais. Perante a sua forte resistência, alguns gestores optam pelo caminho da menor resistência e adicionam mais tarefas à carga de trabalho dos colaboradores que cedem com mais facilidade.

Esta abordagem irá manter felizes os menos diligentes, mas também irá criar ressentimentos entre os que ficam sobrecarregados. Agora mais que nunca, é fundamental que equilibre a carga de trabalho. Se o volume de trabalho requer que os seus colaboradores passem mais tempo no escritório, o mínimo que pode fazer é certificar-se de que todos estão a contribuir.

Tarefa
Aponte esta citação de Sir Walter Bilbey: "O empregador geralmente fica com o colaborador que merece".

Não fique à espera que os colaboradores se venham queixar da carga de trabalho desigual. Passe à ofensiva. Distribua um aviso que torne claro que não pode e não irá tolerar desigualdades na carga de trabalho e que espera que todos façam o que lhes é pedido. Não irá aliviar a carga de trabalho geral, mas irá impedir ressentimentos pelo trabalho extra.

> O sucesso do seu negócio depende de todos os colaboradores estarem à altura de cada dia.

Não se esqueça dos seus outros colaboradores

Os colaboradores difíceis são, de certa forma, como a porta que range. Recebem o óleo ou, neste caso, a atenção. Mas pode centrar-se tanto na resolução dos problemas deles que se esquece de que é o líder de todo um escritório. Mesmo que acabe por despedir o colaborador problemático, quer manter o escritório a funcionar tão normalmente quanto possível até que isso aconteça. Durante essas alturas difíceis, ajuda não se esquecer da sua responsabilidade para com o resto da equipa. Deve sempre fazer por:

- Criar um ambiente onde prosperem a produtividade e a criatividade.
- Ser um guardião temível do moral dos colaboradores.
- Mostrar o seu apreço pelo bom trabalho.
- Mostrar a sua gratidão pelos que têm iniciativa própria.
- Agradecer aos colaboradores que vão mais além em alturas turbulentas.
- Criar um local de trabalho conhecido pela sua justiça.

Tarefa
Quando estiver a combater um colaborador problemático, agradeça a um elemento da equipa que esteja a desempenhar bem.

Alguns colaboradores exigem tão pouca atenção que é fácil tomá-los como certos. Certifique-se de que evita isso.

> Apesar de os problemas com os colaboradores difíceis os colocar no centro das atenções, eles não são os seus únicos colaboradores.

Pedir a um colega que limpe o seu local de trabalho

Um dia, o colega de um amigo expôs literalmente a sua roupa suja no escritório. Depois de um exercício físico rigoroso num ginásio ali perto, o colaborador regressou ao trabalho e decidiu arejar as suas roupas de ginástica suadas estendendo-as nas divisórias do seu cubículo. O cheiro provocou uma tal revolta que o seu supervisor lhe ordenou que voltasse a colocar as roupas no saco de ginástica.

Alguns colaboradores não distinguem a diferença entre a casa e o cubículo. E, ocasionalmente, poderá ter de lhes lembrar essa distinção e a necessidade de arrumar os seus pequenos espaços. Um colega que trabalhava com muitos ficheiros espalhou-os pelo seu cubículo. O excesso derramou para o corredor. Os outros tiveram de estar constantemente a passar por cima dos documentos durante o dia. Alguém finalmente se queixou e ele reduziu o sistema de arquivo que se encontrava espalhado. Um outro colega amontoava livros em pilhas que balançavam e que pareciam só se desmoronar no dia de folga dele. Não era ele que tinha de limpar a confusão.

> **Tarefa**
> Peça ao seu supervisor para que um colaborador da manutenção entregue no seu departamento um caixote do lixo para que todos se comecem a organizar.

Quando pede aos desarrumados que arrumem, eles podem interrogar-se qual é o problema e colocar-se na defensiva. Por isso, vá com cuidado. Explique de que forma a desarrumação o afecta e dê exemplos. Suavize a sua abordagem oferecendo-se para ajudar a arrumar. Não pergunte a uma amiga como é que ela pode viver no meio de tanta desarrumação. Em vez disso, faça algumas sugestões gentis sobre onde ela pode guardar algumas coisas.

"Aja como se estivesse a dar um conselho amigo," diz Stephen M. Pollan, autor de *Lifescripts: What to say to get what you want in life's toughest situations*. "Evite parecer que é superior. Não a deite abaixo."

> "Tacto é a capacidade de provar o seu ponto de vista sem fazer inimigos" – Howard W. Newton

Falar com um colega sobre a falta de higiene

A Sociedade Norte-americana de Microbiologia descobriu que um terço daqueles que usaram os lavabos nos grandes aeroportos do país não lavaram as mãos a seguir. Isto representa muita gente com noções estranhas de higiene pessoal.

A falta de higiene, como muitos de nós sabemos muito bem, é também um problema no local de trabalho. Contudo, são poucos os que têm a coragem para dizer a alguém que cheira mal ou que não deve tirar as bolachas do tabuleiro com as mãos. Mas quando trabalha perto de alguém que tem um problema de higiene, tem de fazer alguma coisa para que a pessoa o resolva. De outra forma, a distracção irá afectar o seu trabalho.

Tarefa
Procure ideias com os seus colegas sobre o que dizer numa mensagem anónima a um colega com um problema de higiene.

Tente a abordagem do "amigo secreto" para evitar envergonhar o outro. Envie-lhe uma mensagem anónima que diga: "O seu cheiro esconde a pessoa querida que você é. Esta mensagem é de alguém que se interessa." A sua compaixão e o anonimato irão, provavelmente, fazer maravilhas.

> Deve a si mesmo e aos outros dizer a um colega que se arranje.

Fazer com que os colegas respeitem o seu tempo

Uma das pessoas mais ambiciosas que alguma vez conheci era uma mãe solteira com três filhos. Depois de levantar a mesa do jantar e de ajudar os filhos com os trabalhos de casa, ela fazia o seu trabalho de casa – estudava para o curso de Direito. Naquela altura, o tempo era o seu bem mais valioso. Era rigorosamente controlado e muitos assuntos competiam por ele. Ela administrava-o com tanto zelo que raramente socializava. Contudo, a gestão do tempo acabou por compensar. Tornou-se advogada e posteriormente juíza.

Pode encarar o tempo como um bem finito. Mas alguns dos seus colegas podem não vê-lo assim. Perder tempo não faz mal para eles, porque acham que irão ter sempre muito tempo para recuperar. Estes colegas são os "bandidos do tempo" de quem tem que se proteger. De outra forma, eles irão roubá-lo.

Irão ter reuniões que começam tarde e que se prolongam. São indivíduos que contam histórias que rivalizam com a duração das sagas da antiguidade. Se não estiver alerta, os colegas que enviam constantemente mensagens instantâneas irão reduzir gradualmente o tempo que reservou para pesquisar.

Tarefa
Pergunte a um colega se ele consideraria começar e acabar a sua próxima reunião a horas.

Tem de assumir o papel de um cronometrista confiante. Apareça a horas para a reunião e saia delicadamente quando o programa se desviar da rota ou se atrasar. Informe os contadores de histórias intermináveis que pode ouvir o resto da história mais tarde. Diga à mensageira insistente que guarde o que tem para dizer para depois do prazo de entrega.

Com esta abordagem, irá centrar o seu tempo no que realmente interessa no escritório: trabalhar.

Demonstre com as suas acções que encara o tempo como um bem precioso que não tenciona desperdiçar.

Descubra o defeito do colega que procura constantemente defeitos nos outros

Aqueles que procuram constantemente defeitos nos outros são os "charlatães" do escritório. Eles tentam provar a sua superioridade intelectual descobrindo defeitos nos outros. No entanto, geralmente não têm qualquer alternativa a oferecer. Pelo contrário, a crítica oportuna e precisa é a sua moeda de troca.

Quem procura constantemente defeitos nos outros não se importa de rejeitar o trabalho árduo de um colega agarrando-se a pequenas falhas na sua apresentação. Valerie Pierce, a autora de *Quick Thinking on Your Feet: The art of thriving under pressure*, chama a essa agressividade "uma forma muito preguiçosa de ganhar um argumento, já que não temos de nos incomodar com o conteúdo da discussão."

No entanto, a estratégia resulta, diz Pierce. "É muito poderosa porque desvia a atenção da vítima. Para quem está a receber as críticas, pode ser muito debilitante."

Tarefa
Tome a iniciativa de limitar o efeito daqueles que procuram defeitos. Peça ao seu supervisor que considere exigir que os críticos equilibrem as suas críticas com elogios.

Felizmente, aqueles que procuram constantemente defeitos nos outros podem ser desarmados com facilidade. E há uma pergunta que geralmente dá conta do recado: "Pode sugerir alguma alternativa?" Isto coloca a atenção no crítico, onde deve estar. E quando isso acontece, geralmente o crítico tem muito pouco a dizer.

> "Qualquer idiota pode criticar, condenar e queixar-se – e a maior parte dos idiotas faz isso mesmo" – Dale Carnegie.

Quando um colega se recusa a cooperar

Kayla estava sentada à secretária a falar com um cliente ao telefone, mas não o conseguia ouvir. As vizinhas de cubículo da Kayla, que estavam a ter uma discussão acesa, abafavam a voz do cliente. Ela queria pedir-lhes que baixassem a voz, mas hesitou. Uma delas era conhecida pelo seu mau feitio. Mas, por fim, Kayla cansou-se de pedir ao cliente que repetisse o que estava a dizer. Portanto, virou-se para elas e pediu educadamente que não fizessem tanto barulho. A colega que se irritava facilmente respondeu logo: "Bem, tu não baixaste a voz quando eu estava ao telefone no outro dia."

Kayla, determinada a manter a discussão civilizada e a voltar ao cliente, disse firmemente: "Devias ter dito qualquer coisa. Peço desculpa por isso. Mas agora eu preciso que falem mais baixo." A colega acedeu.

Tarefa
Se se sente desconfortável a fazer pedidos a colegas difíceis, pratique com um amigo.

Situações como esta nunca se resolvem adequadamente se não se mantiver firme. Nenhum colega deve prejudicar o seu trabalho e, quando confrontar comportamentos perturbadores, o outro deve aceder imediatamente. Mas os colegas conflituosos e teimosos não irão gostar dos pedidos e irão recusar-se a aceitar. A colega de Kayla queria puxá-la para um jogo de "olho por olho, dente por dente", quando tudo o que Kayla precisava era de um espaço mais sossegado.

Quando se deparar com resistência, volte a afirmar aquilo de que precisa, calma, directa e firmemente. Esta é a única forma de fazer um colega teimoso cair do seu muito vacilante pedestal.

> "A teimosia é a força dos fracos" – Teólogo suíço John Kaspar Lavater.

Modere a crítica com elogios

Bob Miglani cresceu a servir cachorros quentes picantes e gelados mergulhados em chocolate na loja Dairy Queen da sua família em Nova Jérsia. Quando um cliente deixava cair um cone de gelado, a loja substituía-o gratuitamente. Sem fazer perguntas. Sem discutir.

Porquê esta política, que parece beneficiar o cliente muito mais do que a loja? "Porque preserva a integridade do nosso negócio e porque é o que se deve fazer", disse ele.

Para preservar a integridade da sua relação com um colega difícil, por vezes poderá ter de fazer o inesperado. Isso poderá incluir elogiar o colega quando ele faz alguma coisa bem. Não vai ser fácil. É preciso muita coragem para se elevar acima do instinto natural de desdenhar tudo o que um desordeiro faz.

Tarefa
Torne mais fácil elogiar um oponente imaginando a acção como parte de um *"Opposite Day"**.

Quem possui competências para lidar com o público sabe o quanto é importante obter um equilíbrio. Mesmo sob o fogo de clientes furiosos, estes colaboradores conseguem elevar-se acima da raiva e admitir quando os clientes têm razão. Os colaboradores sabem bem o quanto um elogio honesto pode ser desarmante.

> Nos relacionamentos interpessoais, o inesperado é por vezes a sua melhor arma.

---

* **N. T.** "*Opposite Day*" ("Dia dos Opostos") é um feriado imaginário em que tudo deve ser feito ao contrário do normal ou da verdade.

Cuidado com o confidente falso

Cuidado com o confidente falso que tenta saber mais com um "Oh, vá lá, podes contar-me." Se alguém precisa de dizer isto, não tem uma base de confiança.

Aqueles que o sondam para obter informações têm como principal objectivo transmiti-las.

Tarefa
Inspiração: "Ninguém gosta tanto de segredos como aqueles que não os tencionam guardar" – Jornalista desportivo britânico Charles Caleb Colton.

Não conte os seus segredos a alguém até ter a certeza de que está a lidar com um verdadeiro confidente. Estes são de facto raros. Se partilhar os seus segredos mais íntimos com um confidente não confirmado, poderá estar a dar origem a boatos. E assuntos passados ou críticas a um gestor podem voltar para o assombrar quando estiver a competir por uma promoção com um adversário que sabe os seus segredos. Na Era da Informação, a informação é poder. Tenha cuidado para não dar força ao inimigo.

> Nunca presuma que alguém é um confidente.

Insista no respeito

Os gestores são quem estabelece o tom do escritório. A sua rispidez gera rispidez entre os colaboradores.

Independentemente da posição de quem é indelicado, insista no respeito. E tem de insistir nele mesmo nos aspectos mais pequenos.

(136) Como gerir pessoas difíceis

> **Tarefa**
> "A verdadeira vida acontece quando ocorrem mudanças pequeninas" – Escritor russo Leão Tolstoi. Recorra a esta citação para se lembrar da importância das pequenas atenções sociais.

Se um supervisor interrompe a sua conversa para falar com um colega seu e este se afasta sem pedir licença, assuma o comando e marque um ritmo diferente. Diga ao seu colega: "Com licença. Retomamos esta conversa mais tarde" ou "Vejo que os dois têm que conversar. Eu retiro-me." Isto envia a mensagem de que quer ser tratado com respeito, independentemente das circunstâncias ou da posição do intruso.

As pequenas cortesias não parecem ser suficientemente importantes para que mereçam que se insista nelas. Mas elas desenvolvem ambientes onde a indelicadeza não consegue prosperar.

> Assuma o comando usando atenções sociais para contrabalançar o comportamento indelicado no escritório.

Torne-se um mediador entre colegas

Muitas escolas secundárias têm programas de mediação entre colegas que formam alunos na arte de estabelecer diferenças de forma pacífica. Ter colegas a agir como mediadores faz sentido, porque os alunos identificam-se uns com os outros.

Poderá possuir uma aptidão natural para mediar colegas no escritório. Se assim for, ponha o seu talento a funcionar. Foi o que fez Katie depois de uma discussão feroz entre dois colegas estar quase a envolver socos.

8 | Relações com e entre colegas (137)

> **Tarefa**
> Se tem talento para negociar mas gostaria de ter mais formação, considere um seminário em resolução de conflitos.

Mike queria partilhar com Jason, que trabalha a uns cubículos de distância, uma piada que encontrou na Internet. Mike gritou-lhe a história. Jason achou a piada ofensiva e chamou estúpido e racista a Mike. Mike ficou consternado. Foi ter com Jason e pediu-lhe desculpa. Jason mandou-o embora. Jurou que não falava mais com ele. Perturbado, Mike apelou a Katie. Ela disse-lhe que falaria com Jason, mas disse-lhe também que ele tinha de acabar com as piadas de gosto duvidoso.

Cerca de uma semana depois, quando Jason reafirmou o seu ódio por Mike, Katie viu uma oportunidade e entrou em acção. Disse a Jason que compreendia por que é que ele estava zangado. Ela também tinha achado a piada inapropriada. Mas disse que Mike tem um bom coração, que é muitas vezes ofuscado pelos seus estranhos comportamentos sociais. Encorajou Jason a aceitar as desculpas da próxima vez. Ele assim fez.

> Os negociadores natos são os oficiais de paz não nomeados do escritório.

Quando um colega não paga o que deve

Oiço frequentemente colegas a queixarem-se de outros colegas a quem emprestaram dinheiro e que nunca pagaram o que deviam. Os que emprestaram não se sentem à vontade para reclamar o dinheiro; acham que isso demonstra falta de educação. Por isso, resignam-se a queixar-se do colega que não paga o que lhes deve. Alguns que pedem dinheiro emprestado pura e simplesmente não atribuem uma grande prioridade ao pagamento das suas dívidas.

Deve estabelecer uma política de empréstimos que recupere as suas dívidas. Dê aos seus colegas alguns dólares para o almoço se eles lhe pedirem. Se depois de algumas semanas eles ainda não lhe tiverem pago, peça-lhes o dinheiro. Por vezes, irá descobrir que eles apenas de esqueceram do empréstimo.

Tarefa
Tente esta linha de humor quando um colega não lhe paga o que deve: "Enviaste o dinheiro pelo Pony Express*?".

Tente usar humor, se necessário, para levar delicadamente um colega a pagar-lhe: "Estou a exigir o pagamento de todas as dívidas. Por favor salda o que deves tão rápido quanto possível, para evitar uma enorme taxa de juro." Se o outro adia continuamente, então esqueça a dívida, decida-se a nunca mais lhe emprestar dinheiro e não pense mais nisso.

> "Tenha cuidado ao emprestar dinheiro a uma amiga. Pode danificar-lhe a memória" - Escritor britânico John Ruskin.

Cuidado com os que lêem pensamentos

Todos os escritórios têm um colaborador que acha que conhece o chefe melhor do que ninguém. Fazem essas afirmações com um ar de autoridade para manter os outros colaboradores sob controlo. Uma colega com quem trabalhei num projecto era, sem dúvida alguma, a favorita do chefe. Uma vez tentou deitar abaixo uma ideia minha alegando que sabia que o chefe não se ia convencer. Foi inflexível com as suas objecções até eu lhe lembrar que conhecia o supervisor há muito mais tempo do que ela. E eu estava ansiosa por discutir a minha ideia com ele sem a interferência de uma intérprete autonomeada.

---

* **N. T.** Sistema de correio a cavalo usado nos EUA no século XIX.

8 | Relações com e entre colegas (139)

> **Tarefa**
> Marque hoje um encontro para falar com um gestor sobre uma ideia que um "leitor de pensamentos" tenha rejeitado.

A alegação de acesso especial não é nada mais do que um jogo de poder. Faz com que o colaborador pareça mais poderoso do que é. Pode até oferecer-se para transmitir as suas preocupações ao chefe, porque ele sabe como abordar o gestor.

A melhor coisa que pode fazer é recusar este tipo de ofertas. Não precisa que alguém estabeleça a sua ligação com o seu chefe. Você é o seu melhor defensor.

> No que toca a lidar com o chefe, não deixe que as histórias "em segunda mão" dos chamados intermediários falem por si.

Cuidado com o manipulador

Alguns colegas adoram o jogo da manipulação. Muitas vezes as condições que eles colocam numa amizade não são visíveis até que uma grande explosão as exponha. É então que se apercebe que, por detrás da sua atitude de extraordinária tolerância e prestabilidade, se esconde o coração de um titereiro*. Uma das suas mensagens implícitas é: "Se eu vou fazer grandes esforços por ti, e até evitar discordar contigo, tu deves retribuir o favor."

Uma colega ficou enraivecida quando discordei com ela acerca das origens da língua inglesa. Ela insistia que o Inglês derivava do Latim porque continha imensas palavras latinas. É uma língua germânica, enfatizei eu. Ela disse-me que estava completamente errada e saiu irritada. Esta troca de argumentos fez-me perceber o

---

* **N. T.** Aquele que maneja fantoches e marionetas.

preço alto da sua amizade. Em troca da amizade, não deveria discordar dela. Era um preço demasiado elevado para mim.

Tarefa
Siga as famosas regras da Nordstrom para os seus colaboradores: Regra N.º 1: Use o seu discernimento em todas as situações. Regra N.º 2: Não há mais regras.

A melhor forma de lidar com manipuladores é com imparcialidade. Não se deixe levar por eles apenas porque são as melhores pessoas do mundo, ou assim aparentam ser. Expresse a sua opinião honestamente. Eles vão expor sempre as suas condições.

> As amizades a preços excessivos não são um bom negócio.

Alerta vermelho: um colega menospreza-o em frente ao chefe

Alguns oponentes apreciam muito os ataques de precisão*. O dicionário define tais ataques como não tendo geralmente qualquer aviso e destinados a um alvo específico. São potentes, especialmente quando o ataque acerta no alvo – você – em frente ao chefe.

Na mente do atacante, quanto mais pequeno parecer em frente ao chefe, maior ele próprio vai parecer. Logo, enquanto o chefe está a conversar informalmente com um grupo que o inclui a si e ao seu atacante, ele vai comentar alegremente que você se esqueceu da capa de um relatório, mas que ele corrigiu esse descuido. Também vai mencionar que os números de telefone que você lhe deu estavam desactualizados e que atrasaram as suas tentativas de contac-

---

* **N. T.** No original, *surgical strikes*.

tar um antigo cliente. Tudo isto são informações que poderiam ter esperado por uma conversa privada, mas que não podem esperar para alguém que está determinado a dar a pior imagem de si.

Tarefa
Inspiração: "Todas as influências adversas e deprimentes podem ser ultrapassadas, não lutando contra elas, mas antes elevando-se acima delas" – Jornalista desportivo britânico Charles Caleb Colton.

A melhor forma de neutralizar este tipo de comportamento de uma extrema falta de profissionalismo é mantendo o mais elevado profissionalismo. Agradeça ao acusador por o ajudar. Diga-lhe que sabe que um dia vai ter de retribuir o favor e que o fará com todo o gosto. Quanto à suposta informação errada, diga-lhe que a irá verificar. Mas dê ao acusador um trabalho de casa. Peça-lhe que verifique se anotou os números correctos. Depois diga-lhe que se você estiver em falta, lhe irá enviar com todo o gosto informação que corrija o problema. Depois, continue a sua conversa com o chefe. Esta abordagem perfeita irá dar-lhe a melhor imagem.

> Os seus inimigos nunca o irão acusar de agir com demasiado profissionalismo.

O colega supersensível

Os colegas muito susceptíveis irão mantê-lo sempre sobressaltado se assim o permitir. Estes colaboradores têm geralmente falta de auto-estima e vêem insultos em tudo o que você faz. Todas as coisas desagradáveis que lhes acontecem são encaradas como um acto deliberado realizado por si ou por outra pessoa.

Eu esqueci-me de responder ao telefonema de uma antiga colega. Ela estava a ter dificuldades em encontrar trabalho e precisava

(142) Como gerir pessoas difíceis

que eu lhe desse umas informações. Acusou-me de ser arrogante por não lhe responder. Eu tinha-me pura e simplesmente esquecido de lhe ligar. Quando lhe telefonei, não a consegui convencer do contrário.

Tarefa
Escreva o seguinte cartão como inspiração: "Quando o preço do perdão é demasiado alto, aprenda a viver sem ele".

Todos nós temos momentos como estes. E a maioria daqueles a quem nós acidentalmente damos o troco errado esquecem o assunto. Mas os descuidos são puras ofensas na mente do colega supersensível.

Se acabar na lista de indesejáveis de alguém assim, peça-lhe desculpa. Depois pergunte se agora pode ajudar. Se ele lhe atirar um "Não!" vingativo, diga-lhe que você está pronto a seguir em frente. E faça isso mesmo.

> Nunca consegue ganhar com os colegas supersensíveis. As balizas deles estão sempre a mudar de sítio.

Quando lhe é pedido que ponha em ordem o relatório de um colega

Pode ser-lhe pedido que salve o trabalho inferior realizado por um colega. Se você não lidar com esta situação com requinte, esse colega pode passar de amigo a adversário num instante.

Não pode pedir ao gestor que lhe pediu a emenda para refrear os ânimos. Ele está frequentemente à procura do caminho mais fácil para que o trabalho seja realizado. Logo, o supervisor pode não pedir ao seu colega uma revisão. Em vez disso, você vai herdar a tarefa. Quando isso acontece, vai ter de ter muito cuidado para estar à altura das expectativas do seu chefe e manter a amizade do seu colega.

8 | Relações com e entre colegas (143)

> **Tarefa**
> Quando lhe for pedido que refaça o trabalho de um colega, convide-o para um café para lhe garantir que não está a tentar ficar com o trabalho dele.

Pergunte ao gestor se você pode informar o seu colega da sua nova tarefa. Quando falar com o colega, diga-lhe que lhe dará com todo o gosto uma cópia da sua revisão. Se partes do relatório estavam bem feitas, passe essa informação tanto ao colega como ao seu chefe. E tente responder honestamente às perguntas do seu colega sobre a razão pela qual o projecto lhe foi passado a si. Esta honestidade pode vir a ser a "cola" que vai preservar a amizade.

> Mesmo quando lhe são dadas ordens, tem de se esforçar por não tornar os seus amigos em inimigos ao longo do percurso.

Cuidado com os minimizadores

Allison pensou duas vezes sobre como deveria julgar uma amiga que foi censurada severamente por uma colega com quem partilhava o espaço de trabalho por falar muito alto. A colega disse a Jessica, a amiga de Allison, que ela era barulhenta e que não tinha qualquer consideração pelos outros. Quando alguém disse a Allison que achou que a colega tinha sido muito má, Allison descartou tudo como um mal-entendido, porque era verdade que a amiga tinha tendência para falar muito alto. Allison encorajou-a a fazer as pazes com a colega.

Isto parecia uma boa ideia até Allison, ela própria, sentir na pele a maldade da colega. Ela não conseguia ouvir um cliente ao telefone porque a "silenciadora" estava a ter uma conversa acesa com Jessica. Ela pediu-lhes que falassem mais baixo. A "silenciadora" declarou ruidosamente que Allison estava a exigir uma consideração que não estava disposta a retribuir.

> **Tarefa**
> "Compreensão antes da crítica." Peça ao seu filho mais artístico que faça um marcador de livros que inclua estas palavras.

Tornou-se claro para ela que a colega era realmente "má", tal como a sua amiga tinha concluído. Allison sentiu-se mal por não ter apoiado mais Jessica e mais tarde pediu-lhe desculpa.

São poucos aqueles que irão realmente compreendê-lo quando passa por uma crise. Se tiver sorte, irá ter um colega como a Allison, que reconsiderou a resposta que tinha dado.

No entanto, o mais provável é que se depare com críticos que irão constantemente minimizar a sua dor.

Não pode fazer nada quanto a isso, mas pode evitar que a falta de visão deles o atinja. Se não concordarem consigo, não é o fim do mundo. Mais cedo ou mais tarde, eles poderão mudar de ideias quando virem um tirano de uma outra perspectiva.

> A não ser que esteja a tentar perder peso, tenha cuidado com os minimizadores.

Quando um oponente pede um favor

Como a necessidade de troca de informações é constante num escritório, mais cedo ou mais tarde um oponente irá pedir-lhe ajuda. Ocultar a informação pode ser fácil. Decidir se quer partilhá-la é outra coisa.

Eis uma boa regra a seguir: se a informação que o outro lhe pediu o vai ajudar a realizar o trabalho dele, então partilhe-a. Profissionalmente, você quer ser visto como um facilitador e não como um obstrucionista, como o seu colega poderá ser. Se o seu gestor tem conhecimento da relação tensa entre você e o colaborador difícil, informe-o de uma forma subtil que se colocou acima de uma relação difícil para ajudar.

> **Tarefa**
> Quando um oponente lhe pedir um favor, descubra a forma mais rápida e eficiente de satisfazer o pedido e siga em frente.

Se a informação que o seu adversário procura é para um assunto pessoal, irá ter de avaliar se o quer ajudar ou não. Não tem qualquer obrigação moral de dar a mão a quem não tem feito outra coisa senão bater-lhe.

> Quando um oponente precisar de um favor para realizar o trabalho dele, lembre-se que o profissionalismo dita que lhe estenda a mão.

Lidar com os que exageram na bebida

Se vir que um colega, numa festa do escritório, está a tomar várias bebidas ou a agir como se tivesse bebido demasiado, avise um supervisor. Muitas empresas prevêem soluções para os colaboradores que exageram na bebida. Pagam um táxi para casa ou arranjam um quarto de hotel. Oferecer apenas um café forte e acenar um "adeus" não é suficiente.

Segundo a Mothers Against Drunk Driving*, "apenas o tempo pode tornar alguém sóbrio".

> **Tarefa**
> Para ajuda sobre como lidar com um colega embriagado numa festa de escritório, fale com o seu departamento de recursos humanos ou pesquise na Internet.

---

* **N. T.** Organização norte-americana que se dedica à prevenção da condução sob o efeito do álcool e das suas causas sociais.

(146) Como gerir pessoas difíceis

Apesar de as empresas exigirem frequentemente que alguns supervisores estejam atentos a colaboradores embriagados, também ajuda se os subordinados estiverem atentos.

Antes de ir ter com um supervisor, tente desencorajar o colega de beber mais, perguntando-lhe se lhe pode ir buscar um sumo de fruta ou um refrigerante.

Não deixe que a diferença de idades ou a posição superior na empresa o impeçam de informar um supervisor sobre um colega inebriado. E, no dia seguinte, assegure-lhe que você queria apenas ajudar e não comente o incidente com outros. O colaborador poderá estar demasiado envergonhado para lhe agradecer nessa altura, mas isso não significa que não se sinta grato pelos seus esforços heróicos para, possivelmente, lhe salvar a vida e o emprego.

> São poucos aqueles que alguma vez se arrependeram de impedir que um colega embriagado se fizesse à estrada.

Pedir a um colega gestor que respeite os seus subordinados

Uma gestora escreveu-me uma vez para descrever uma situação no seu escritório que o médico responsável se recusava a abordar. Um novo sócio tinha oferecido repetidamente boleias a uma jovem colaboradora. Ela aceitou uma vez, mas ficou tão desanimada com o seu comportamento agressivo que não queria ter mais nada a ver com ele. Ainda assim, ele insistia com ofertas e, muitas vezes, ia até à secretária da colaboradora e colocava-se demasiado perto dela. Ela desabafou com a gestora. Esta, por sua vez, pediu ao seu chefe, o médico proprietário do consultório, que falasse com o outro médico. Ele não o fez. A jovem colaboradora despediu-se e agora a gestora interroga-se se ela os irá processar.

Quando lhe for pedido que aborde o comportamento inapropriado de um colega gestor, o problema não irá desaparecer se não fizer nada. Na verdade, poderá ficar pior se um colaborador decidir processar.

Tarefa
Decida-se a ter uma conversa difícil com um colega gestor. Aponte as principais questões que quer abordar.

Quando lhe for pedido que fale com um colega gestor sobre o comportamento deste para com os subordinados, ele poderá tentar deitá-lo abaixo acusando-o de ser demasiado tolerante com os seus colaboradores. Diga-lhe apenas que não está ali para discutir a questão. Diga-lhe que acabe com esse comportamento. Esse é o seu objectivo. Tudo o resto é pura conversa.

> Confrontar um colega gestor por causa de comportamentos abusivos é uma das acções mais difíceis que alguma vez realizará. Mas não confrontá-lo pode provocar alguns dos seus maiores arrependimentos.

O colega que desaparece

Um contabilista que trabalhava numa pequena empresa desaparecia durante várias horas todas as tardes. Ele nunca informava por que é que tinha de sair e nunca se deu ao trabalho de ver se os seus colegas precisavam de informações financeiras enquanto ele estava fora. Quando regressava, trabalhava conscienciosamente pela noite fora para compensar o tempo. E esse horário adaptava-se ao seu estilo de vida nocturno. Mas frustrava uma colega que me escreveu a pedir conselhos, pois ele estava muitas vezes fora quando o escritório precisava de o consultar.

Tarefa
Ofereça-se para criar um directório electrónico com os números de telemóveis e *pagers* de todos, para se usar em caso de emergência.

Quando depende de colegas com tanta falta de consideração, tente chegar a um acordo sobre um prazo de entrega de informações que sirva a ambos. Para emergências, peça-lhe que esteja atento ao telemóvel, caso o escritório precise de entrar em contacto com ele.

Se alguém desaparece repetidamente e não fornece informações importantes que o chefe pediu, entregue tudo o que tiver juntamente com um bilhete que diga que a contribuição do outro colaborador não estava disponível. Isto poderá ajudar a acabar com o problema.

> Alguns colaboradores não têm quaisquer problemas em abandonar os colegas quando estes precisam da sua ajuda. Descubra formas de impedir que essa falta de sensibilidade o afecte.

Quando um colaborador problemático se torna o seu chefe

Se há um local de trabalho semelhante ao Purgatório, você entra nele quando o seu pior pesadelo se torna seu supervisor.

Isto pode acontecer. Muitas empresas promovem colaboradores apesar das suas limitações, incluindo uma evidente falta de competências interpessoais.

Tarefa
Inspiração: "A melhor forma de lidar com a mudança é ajudar a criá-la" – L. W. Lynett.

Apenas metade dos executivos inquiridos pela DDI, uma empresa de consultoria global em recursos humanos, afirmam estar satisfeitos com os esforços da sua empresa para desenvolver líderes. E apenas 61 por cento se consideram suficientemente competentes para "fazer sobressair o que há de melhor nos outros."

O seu melhor ataque irá ser a sua melhor defesa quando lidar com um "colega infernal" que se torna um "chefe infernal". Encontre-se com o gestor e pergunte o que é que pode fazer para facilitar o trabalho dele. A sua nova situação irá exigir que execute uma gestão de baixo para o topo, para evitar os problemas que poderá ter tido no passado com o novo supervisor. Quando tiver uma ideia, junte-lhe o seu nome logo que possível. Escreva uma nota ao seu chefe a explicar a ideia e, se necessário, envie uma cópia a outros supervisores, com a intenção de partilhar. Ser pró-activo poderá ser a sua melhor arma para lidar com o mesmo velho oponente que mudou de título, mas talvez não de categoria.

> Quando um oponente se torna seu chefe, aplique uma gestão de baixo para o topo para fazer com que a relação funcione.

Chegou a "roseira"

Um relações públicas, que passava muitas vezes pelo escritório de um jornal para lançar notícias sobre os seus clientes, chamava mais a atenção pela sua água de colónia do que pelas suas ideias. A água de colónia, aplicada em grande quantidade, anunciava a sua chegada, mas, infelizmente, só desaparecia muito depois de ele se ter ido embora. A água de colónia gerava muita conversa depois de ele sair, mas ninguém arranjou coragem para lhe pedir que suavizasse o terrível odor.

Aqueles que possuem odores demasiado fortes a citrinos, lilases ou rosas são armas de distracção maciça no local de trabalho. Contudo, são frequentemente os últimos a saber dos efeitos irritantes da sua água de colónia ou perfume. Os odores hoje em dia são mais fortes, porque os seus criadores querem que estes permaneçam no ar mais tempo. Logo, uma pequena gota faz um grande efeito. Muitos não se apercebem disso.

Tarefa
Se não consegue arranjar coragem para pedir a um colega que reduza o perfume, envie-lhe uma carta anónima com um pedido educado.

É aceitável que fale sobre o assunto. O que não deve fazer é emitir uma ordem, como: "Sou alérgico, por favor não uses essa água de colónia outra vez." Em vez disso, tente algo com humor para fazer passar o seu pedido: "Eles vendem isso ao litro?" Ou, se for alérgico aos odores, pergunte simplesmente se ele consideraria pôr menos. E agradeça-lhe por ele o ouvir.

> "De acordo com as liberdades garantidas pela Primeira Emenda, perfumar um sítio é uma forma de expressão protegida pela Constituição?" – escritor Calvin Trillin.

Diga que não ao vendedor do escritório

Conheço quem foi abordado no escritório para comprar bolachas, rebuçados, vitaminas, utensílios de cozinha, maquilhagem e até mesmo carne de vaca, esta última por um colega que passou a cuidar de uma quinta depois de se reformar.

No ambiente de escritório, a pressão para comprar ao vendedor pode ser grande. Se os outros estão a comprar, pode temer ser considerado o "avarento" do escritório se não alinhar também. As regras do consumo responsável devem ser igualmente aplicadas às compras no escritório. Se não precisa ou não quer o que um colega está a vender, então não compre.

Tarefa
Sugira a um vendedor do seu escritório que ponha as brochuras num balcão com um aviso. Assim, você e os outros podem, sem pressão, ver e decidir se compram ou não.

Se comprar sob pressão, mais tarde irá ficar aborrecido se esse colega não comprar bolachas à sua filha.

Para aliviar a pressão, peça ao vendedor que o deixe ler quaisquer materiais que tenha. E diga-lhe que o informará se estiver interessado.

> Dentro ou fora do escritório, só você é que deve decidir como gastar o seu dinheiro.

Se o chefe pedir, faça uma avaliação honesta de um colega

Se lhe é pedido que dê a sua opinião sobre um colega difícil, faça sempre uma avaliação honesta. Isso ajuda o gestor a decidir o que deve ser remediado e o que não deve ser alterado.

Essa informação é provavelmente mais valiosa do que você pensa. Se o executivo está a perguntar, o provável é que este pretenda agir de acordo com a informação. Muitos executivos fazem-no.

Tarefa
Antes de uma reunião com um chefe que lhe quer perguntar sobre um colega, anote as aspectos positivos e negativos desse colega. Partilhe ambos.

Seja honesto. Limite-se aos factos. Uma avaliação injustificadamente negativa ou positiva não faz bem a ninguém, muito menos a si. Se exagerar os seus comentários, o gestor vai perceber que não pode confiar em si para a verdade absoluta.

Se o colega, regra geral, não trabalha bem numa equipa ou não é fiável, os supervisores que inquiriram sobre ele devem ouvir isso. Da mesma forma, se ele se distingue nalgum aspecto, informe o gestor disso também. Faça com que a sua opinião tenha valor quando é mais importante.

> "Ser honesto não é nada; a reputação de ser honesto é tudo"
> – William Congreve.

(9)
Controlar situações mais problemáticas

Neste capítulo irá aprender:
- a localizar as situações que podem ter consequências negativas
- o que não deve permitir na sua empresa

(154) Como gerir pessoas difíceis

Não deixe que as pessoas difíceis estabeleçam o ritmo do escritório

Kathy supervisiona a equipa de apoio de uma empresa de dimensão média. Ela procurou os meus conselhos porque estava a atingir os seus limites com uma secretária rebelde. A colaboradora estabelecia o seu próprio horário. Picava o ponto sempre às 09h30, meia hora depois da hora de entrada no escritório. E picava o ponto de saída às 17h30, meia hora depois da hora de saída.

Para piorar as coisas, a colaboradora passava frequentemente a última hora do seu turno a conversar. Kathy disse-lhe várias vezes que picasse o ponto quando acabasse o trabalho. Mas a colaboradora ignorava os seus pedidos e continuava na conversa até à sua hora "pessoal" de saída. Um dia, Kathy ameaçou picar ela mesma o ponto de saída da secretária. Mas a colaboradora respondeu: "Isso é ilegal." E tinha razão.

Tarefa
Se estiver a ter problemas em "cortar pela raiz" hábitos de trabalho improdutivos no seu escritório, resolva-se hoje mesmo a procurar a ajuda de um perito.

A situação deteriorou-se ainda mais quando outros elementos da equipa começaram a seguir o exemplo da colaboradora. Kathy queria despedi-la. Mas o dono da empresa recusou a sugestão porque a qualidade do seu trabalho era "suficiente". Kathy estava a perder o seu combate emocional.

Mesmo assim, queria recuperar o controlo. Por isso, pediu ajuda. Eu aconselhei-a que, dado que a secretária, que é paga à hora, não produzia o que quer que fosse depois da hora oficial de saída, a empresa não tinha de lhe pagar esse tempo. Afinal de contas, a empresa não estava a forçá-la a prolongar as suas horas. A conversa dela tornou-se barata, grátis até, para Kathy.

Kathy tem de manter registos detalhados para explicar a discrepância entre o ponto e o salário da colaboradora, pois ela pode fazer uma queixa ao Tribunal de Trabalho. Mas, depois de tantas discussões, possivelmente Kathy até vê a papelada extra como um alívio.

> Quando colaboradores problemáticos reinterpretam as práticas do seu escritório, o escritório já não é seu. É deles.

Domine os familiares difíceis

Sarah trabalhava como coordenadora de negócios num colégio privado. Ela escolheu o colégio, porque era uma empresa familiar e pensou que o ambiente fosse de equipa. Mas, logo após algumas semanas no seu novo trabalho, o proprietário enviou-lhe *e-mails* inapropriados e "atirou-se" a ela. Sarah foi ter com a directora dos recursos humanos. Mas ela, que era prima do empresário, disse-lhe apenas: "Ele é assim."

Sarah despediu-se e apresentou uma queixa por assédio sexual. Se a directora dos recursos humanos tivesse enfrentado o seu primo, a acção judicial poderia ter sido evitada.

Tarefa
Peça aos seus familiares para fazerem uma auto-avaliação. De seguida, faça uma para cada um deles e compare as duas.

Deve exigir aos seus familiares os mesmos padrões que exige a todos os outros. Segundo o *Wall Street Journal*, o magnata dos meios de comunicação social Ted Turner não teve problemas em desistir do filho e em despedi-lo ao jantar com: "Estás tramado!"

Poderá ter de tomar esta medida se os familiares acharem que podem chegar ao emprego quando querem ou que não estão preparados para o trabalho.

"A primeira regra é que os membros da família não trabalhem na empresa, a não ser que sejam tão capazes e esforçados quanto qualquer outro colaborador que não pertença à família", diz o guru da Gestão Peter Drucker em *O Diário de Drucker: Ensinamentos e mensagens de inspiração para os 365 dias do ano**.

É particularmente importante monitorizar o comportamento dos familiares no trabalho. Se estes são agressivos, os colaboradores poderão ficar relutantes em se manifestar. Torne claro a todos que, relativamente ao trabalho, "o sangue nem sempre é mais espesso do que a água".

> No trabalho, os seus familiares são primeiro e acima de tudo seus colaboradores.

Lidar com a resistência às horas extraordinárias

Devido à insegurança económica, os empregadores sentem-se relutantes em contratar. Consequentemente, exigem mais da sua equipa actual. Isso significa dias mais longos de trabalho.

Um colaborador telefonou-me para me perguntar se era legal que o seu chefe adiasse em uma hora a saída dos colaboradores e exigisse que estes tivessem duas horas de almoço para que a empresa não tivesse de pagar horas extraordinárias. É legal. Mas estas exigências surgem numa altura em que muitos inquéritos revelam que os colaboradores com família desejam mais do que nunca o equilíbrio entre trabalho/vida pessoal.

Tarefa
Quando as horas extraordinárias se começarem a acumular, relembre aos colaboradores as opções flexíveis que está disposto a oferecer.

---

* **N.T.** Publicado em 2005 pela Actual Editora.

Logo, pode esperar resistência. É claro que pode despedir os que resistem. Mas isso não é liderança; isso é causar agitação. Demonstre liderança oferecendo alguma flexibilidade aos seus colaboradores. Se lhes pedir para trabalharem até tarde um dia, dê-lhes a possibilidade de chegarem ao trabalho mais tarde no dia seguinte. Caso necessário, deixe que eles saiam por umas horas a meio do dia para tratarem de coisas que geralmente fariam a caminho de casa. E providencie jantar, uma vez por outra, quando o escritório tem de trabalhar até tarde. Acima de tudo, garanta à sua equipa que vai fazer tudo o que puder para minimizar as horas extraordinárias. Os seus colaboradores irão apreciar a sua preocupação e generosidade.

> Transforme as horas extraordinárias numa situação *win-win* para si e para os seus colaboradores.

Lidar com os "coleccionadores de informação"

Uma das muitas lições aprendidas com o 11 de Setembro foi a importância da partilha de informação. O Congresso culpou o FBI e a CIA por não cruzarem os resultados das suas diferentes investigações. Apesar de ser um exemplo extremo do que acontece quando a livre circulação de informação é interrompida, é, apesar de tudo, uma lembrança da importância de se certificar de que a informação crucial chega ao seu destino.

Alguns peritos referem-se à informação como "a moeda do local de trabalho". E, tal como a moeda, a informação deve circular. No entanto, alguns colaboradores recusam-se a partilhar o seu conhecimento ou dados importantes por irritação, inveja, ou insegurança.

Tarefa
Estabeleça um programa de formação para que mais colaboradores aprendam tarefas especializadas.

Uma forma de se salvaguardar de tal comportamento prejudicial consiste em assegurar-se que vários colaboradores têm formação em conhecimento especializado, como por exemplo em técnicas avançadas que mantenham o seu sistema informático a funcionar tranquilamente.

Muitas vezes as empresas criam redundâncias nos seus sistemas informáticos onde se podem apoiar em caso de emergência, mas nunca pensam em estruturar os seus recursos humanos dessa forma. Quando não o fazem, a única fonte de conhecimento crucial sai quando acaba o seu turno. Providencie cópias de segurança dos colaboradores; elas dificultam o desenvolvimento dos "coleccionadores de informação".

> Os "coleccionadores de informação" são como uma equipa de um elemento: ganhar tem valor, o trabalho de equipa não.

Quando um colaborador ameaça violência

Depois de Vernice Givens, proprietária da V&G Marketing Associated em Kansas City, ter despedido uma colaboradora, esta ameaçou-a. Ela pediu-lhe que saísse. De seguida, Vernice e um segurança acompanharam a colaboradora exaltada até à saída. Depois, Vernine consultou um advogado especializado em Direito do Trabalho sobre o seu próximo passo.

"Além de ter que me preocupar com a minha segurança, também tinha que me preocupar com a dos meus colaboradores", disse ela.

Tarefa
Elabore planos detalhados para lidar com colaboradores insatisfeitos que fazem ameaças.

Seguiu o conselho do advogado e enviou uma carta à ex-colaboradora dizendo-lhe que, se ela persistisse, iria enfrentar um processo judicial. Isto acabou com o problema.

As ameaças de colaboradores são assustadoras e nunca devem ser encaradas de ânimo leve. A acção adequada irá depender das circunstâncias e do colaborador, mas deve avaliar a situação de imediato. Recrute a ajuda de peritos, caso necessário, e elabore uma resposta apropriada assim que possível.

> É melhor estar excessivamente alerta relativamente à violência no local de trabalho, do que ser apanhado desprevenido.

Analise as chamadas telefónicas atendidas por colaboradores difíceis

Telefonei ao proprietário de uma pequena empresa para uma entrevista. Obtive o nome dele através de uma associação de comércio que me disse que ele seria perfeito para a minha história. Bom, até poderia ter sido, não fosse a sua recepcionista. Quando telefonei, ela disse-me que ele não estava. Não se ofereceu para anotar o recado e, em vez disso, pediu-me que telefonasse mais tarde. Aparentemente, não achou que a chamada fosse suficientemente importante para a anotar. Eu desisti do chefe dela. Algumas empresas pagam muito dinheiro ao pessoal de relações públicas para obterem exposição. Esta empresa poderia tê-la tido gratuitamente.

Os colaboradores da linha da frente, que lidam com os seus clientes, têm um poder enorme. Com uma atitude negativa, eles afastam os clientes e isso custa-lhe vendas. Sabendo o quanto são valiosas as chamadas, alguns empresários pedem a amigos e familiares para telefonar para as suas empresas para avaliarem a forma como os colaboradores atendem as chamadas. Certifique-se de que os seus colaboradores são prestáveis e atenciosos quando os clientes telefonam. E não se deve dizer a alguém que contacta a empresa durante as horas de expediente que ligue mais tarde. Os colaboradores devem anotar o recado e alguém deve retribuir a chamada.

> **Tarefa**
> Organize um guião para telefonemas que os seus colaboradores possam utilizar como orientação quando falam com clientes.

Certifique-se de que tem uma política para lidar com colaboradores que são agressivos ou indiferentes a lidar com chamadas telefónicas. Assim, uma repreensão, transferência ou até despedimento não irá parecer arbitrário.

> As boas maneiras dos seus colaboradores ao telefone são como dinheiro no banco para o seu negócio.

Encoraje os colaboradores a contarem-lhe sobre colegas com problemas

Durante os meus muitos anos como escritora de uma coluna de aconselhamento, ouvi falar de colaboradores preocupados cujos gestores pareciam ter medo de falar com eles. Os supervisores, por sua vez, passavam uma grande parte do seu tempo fechados nos escritórios. Em contrapartida, testemunhei a alegria que os colaboradores sentem quando os gestores lhes perguntam frequentemente sobre o que os preocupa.

> **Tarefa**
> Arranje uma caixa de sugestões ou estabeleça uma em versão electrónica para encorajar os colaboradores a comunicar as suas ideias sobre como utilizar melhor os recursos da empresa.

Os seus colaboradores estão intimamente envolvidos no seu negócio e têm um conhecimento valioso em primeira mão sobre como o melhorar. Isso inclui o *feedback* sobre colegas com problemas. Os executivos, que estão demasiado ocupados para capitalizar essa fonte de informação, estão a deixar escapar oportunidades inestimáveis. Jim Sinegal, o CEO da *warehouse club** Costco é uma lenda pelo seu entusiasmo na comunicação com os colaboradores.

"Os colaboradores sabem que eu os cumprimento porque gosto deles", disse numa entrevista à ABC News. Se encorajar a comunicação aberta, os seus colaboradores irão alertá-lo para um colega esforçado que precisa da sua intervenção. Podem até dar sugestões para aperfeiçoamentos, porque eles próprios já se encontraram em circunstâncias semelhantes. Deixe que os colaboradores prestáveis saibam que está sempre aberto a sugestões de como dar melhor uso a qualquer um dos recursos da empresa.

> Muitas vezes os seus próprios colaboradores podem oferecer as melhores ideias sobre como aperfeiçoar o trabalho de um colega que se está a esforçar.

Explore as entrevistas de saída

As entrevistas de saída oferecem uma oportunidade excelente para identificar e lidar com colaboradores difíceis. Em geral, muitas empresas consideram importante a informação das entrevistas de saída. Setenta e seis por cento dos executivos inquiridos num inquérito recente, efectuado pela agência de emprego Office Team, disseram que agiam de acordo com informação recolhida durante entrevistas de saída.

Os colaboradores que estão de partida, especialmente aqueles que já têm um outro trabalho, irão muito provavelmente ser honestos sobre as suas dificuldades com colegas de trabalho difíceis e como lidou com eles. Tente descobrir o que é que poderia ter feito para tornar a vida profissional deles mais agradável. O colaborador pode estar um pouco hostil por sentir que foi empurrado para fora por um tirano ou um desordeiro, mas procure durante a conversa

---

* **N. T.** *Warehouse clubs* são grandes superfícies comerciais que vendem exclusivamente a membros associados. São muito comuns nos EUA e no Canadá.

obter informações úteis. E utilize a informação como um ponto de partida para discussões com o gestor ou colega problemático.

> **Tarefa**
> "Explore as saídas." Escreva isto num cartão e recorra a ele sempre que um colaborador entregar a demissão.

Depois de uma entrevista de saída particularmente elucidativa, efectue aquilo que os peritos chamam de "entrevista de permanência," com colaboradores que deseja manter. Tente determinar se eles partilham alguma das preocupações do colega que está de saída sobre os colegas de trabalho e supervisores problemáticos. Se sim, descubra o que precisam de si e garanta-lhes que tenciona lidar com as suas preocupações assim que possível.

> Ao explorar uma entrevista de saída, utiliza o fim de uma relação para desenvolver outras.

Quando os colaboradores resistem à mudança

Os colaboradores lutam contra a mudança quando a temem. Durante a Revolução Industrial na Grã-Bretanha, os infames Luddites temiam que as máquinas têxteis os fizessem perder os seus empregos, por isso os trabalhadores destruíram o equipamento.

"A mudança, não o hábito, é o que deita abaixo a maioria de nós", disse William Feather. As empresas mais inesquecíveis para as quais trabalhei reconheciam o mal-estar que a mudança podia causar aos colaboradores. Um empregador compreendeu o potencial *stress* elevado entre os colaboradores quando considerou a substituição dos seus computadores. Os colaboradores passariam rapidamente de peritos num sistema a novatos noutro.

> **Tarefa**
> Divida as fases da mudança planeada. Discuta com um comité como oferecer apoio.

A empresa apoiou-nos através de todas as fases da mudança proposta. Pediu a colaboradores que participassem num comité que iria escolher um sistema. Emitiu muito atempadamente memorandos acerca das mudanças que estavam para vir. Facultou formação e materiais. Assim que o sistema entrou em funcionamento, a empresa pediu aos colaboradores que alertassem os seus supervisores sobre quaisquer dificuldades. Não presumiu que os colaboradores fossem receber abertamente a mudança. Apenas fez com que fosse mais fácil acontecer.

Como tudo o resto nos negócios, a mudança é um processo. Se der apoio aos colaboradores ao longo do caminho, irá diminuir a resistência deles.

> "Em alturas de rápida mudança, a experiência pode ser o seu pior inimigo" – John Paul Getty

Lidar com o final desagradável de um romance entre colaboradores

Uma relação que acaba mal pode tornar difíceis alguns dos seus melhores colaboradores. Um casal que era feliz pode declarar uma guerra aberta um ao outro no escritório e você irá ter de mediar. Mantenha o seu papel simples. Lembre aos dois o código de conduta do escritório. Se os ex-amantes montarem espectáculos públicos dignos de um *show* do Jerry Springer, lembre-lhes que não irá tolerar comportamentos pouco profissionais. Mas tenha tanta compaixão quanto possível, porque o fim de uma relação pode ser equivalente ao luto. No entanto, tem de continuar a gerir o negócio e não quer distracções provocadas por um romance azedo.

> **Tarefa**
> Volte a distribuir o código de conduta aos colaboradores que namoram sempre que lhe parecer apropriado.

Se as duas partes forem ambas boas trabalhadoras e as quiser manter, poderá ter de dar o passo drástico de tirar as duas de uma equipa. Trate todos os colaboradores de forma igual. Não tome partidos. Uma metade do casal pode tentar forçá-lo a tomar essa atitude, mas não se deixe levar.

> Nenhum problema pessoal deve sobrepor-se os seus negócios.

Utilize a avaliação como um modelo de transformação de colaboradores problemáticos

No início da minha carreira, trabalhei para uma empresa que possuía uma regra simples de avaliação: os supervisores não podiam usar uma avaliação para levantar pela primeira vez questões de desempenho. A regra fez com que a avaliação se parecesse menos com um ataque e mais com uma estrutura para aperfeiçoar.

> **Tarefa**
> Peça ao seu departamento de recursos humanos que prepare um seminário de meio dia sobre como escrever avaliações, ou contrate um formador.

Muitos supervisores utilizam as avaliações como uma arma para se vingarem dos colaboradores problemáticos. A frustração é compreensível, mas a verdade é que os supervisores que usam as avaliações, antes de qualquer outra coisa, para repreender os colaboradores estão a violar práticas básicas de negócios. Uma avaliação deve inspirar os colaboradores a melhorar.

Permita que os colaboradores respondam às suas avaliações. Leia as avaliações dos seus gestores. Depois leia as dos subordinados deles. Se suspeitar que o gestor está a usar a avaliação como uma represália, relembre-lhe a finalidade de uma avaliação.

> Uma avaliação não deve fazer surgir nada que um colaborador não tenha ouvido antes.

Quando os colaboradores pedem dinheiro emprestado

Uma colaboradora pediu emprestados vários milhares de dólares ao seu chefe. Este concordou em tirar 50 dólares do seu salário de duas em duas semanas. Mas ficou rapidamente impaciente com esse ritmo de liquidação da dívida. Sozinho, decidiu posteriormente retirar 600 dólares em cada período de pagamento. Transtornada, a colaboradora perguntou-me se essa grande dedução era legal. Não era. Em muitos Estados os empregadores têm de pedir autorização por escrito aos colaboradores para fazerem deduções – à excepção das dos impostos.

> **Tarefa**
> Se um colaborador pedir dinheiro emprestado, diga "não" a um empréstimo, mas diga "sim" a referências para bancos com as melhores taxas.

Apesar das intenções do chefe serem boas ao início, as suas frustrações levaram a melhor. Para a colaboradora, ele passou de um banqueiro prestável a um capitalista sem escrúpulos e ela tencionava processá-lo. Tanto a colaboradora como o empregador deviam ter prestado atenção ao antigo conselho: "Não emprestes nem peças emprestado."

> Fazer empréstimos a colaboradores não deve fazer parte de qualquer plano de negócios.

Peça aos desrespeitosos para se auto-avaliarem

Deixe que os colaboradores difíceis lhe transmitam uma avaliação de si mesmos. Este conselho pode parecer-lhe como o equivalente a dar uma arma ao inimigo. Mas os colaboradores tendem a ser mais críticos de si próprios do que os seus supervisores, segundo alguns advogados que defendem a participação do colaborador no processo de avaliação. Admitir um problema, especialmente em papel, é meio caminho andado para a sua resolução.

Alargue a participação do colaborador até à avaliação dos supervisores dele, especialmente dos gestores difíceis. Isso pode facultar um *feedback* revelador, pois existe frequentemente um grande desfasamento entre a forma como os gestores se encaram a si próprios e como os seus subordinados os vêem. Num inquérito da Hudson, uma agência de emprego de Nova Iorque, quase todos os gestores (92 por cento) se avaliaram como bons gestores. Mas apenas 67 por cento dos colaboradores fizeram avaliações favoráveis aos seus gestores.

Tarefa
Reúna um pequeno grupo para observar o seu processo de avaliação, a fim de se certificar de que este fornece a informação certa.

O seu processo de avaliação aproxima-se de um retrato real de todos os seus colaboradores quando olha para eles através do equivalente a uma lente grande angular.

> O melhor processo de avaliação oferece uma visão panorâmica dos seus colaboradores.

Confronte os desordeiros nos seus termos

Uma vez entreguei a uma colega informações sobre uma fotografia que ia acompanhar uma história que tinha escrito. Ela é conhecida pelo seu mau humor. E os outros abordam-na com "falinhas mansas". Ela deu uma olhadela à informação e colocou-a novamente nas minhas mãos.

"Isto está incompleto!", gritou suficientemente alto para chamar a atenção daqueles que estavam por perto.

Tarefa
Num encontro com um desordeiro, mantenha-se centrado naquilo que precisa. A estratégia irá ajudá-lo a manter a calma, para que possa formular uma resposta eficaz.

Eu olhei-a nos olhos e disse calmamente: "Peço desculpa por faltar informação. Vou arranjá-la. Mas não gosto que falem assim comigo."

Ela pediu desculpa. Eu arranjei o resto da informação. E a disputa acabou. Poderia facilmente ter-lhe atirado com o papel, para estimular o equivalente a um *Smackdown** verbal, mas "não mordi o isco". Se o tivesse feito, não teria concretizado o meu objectivo de tratar de um desordeiro nos meus termos.

> "A conflituosidade é uma forma de coragem, mas muito má"
> – Sinclair Lewis

---

* **N.T.** Programa televisivo de luta livre.

Desafie o queixoso crónico

Os queixosos crónicos são os "teóricos da conspiração" do escritório. Vêem negativismo em todo o lado. Enquanto que os colaboradores têm geralmente muito de que se queixar, os queixosos crónicos levam os lamentos a um extremo. A seu ver, eles são os únicos que fazem um bom trabalho ou que demonstram empenho ou integridade. Procuram constantemente a confirmação dessas crenças e descartam quaisquer factos que desafiem a sua filosofia de vida.

Eu desliguei-me de uma amiga de longa data no trabalho por causa dos seus modos "tóxicos". Ela criticava fortemente muitos nas suas costas, incluindo pessoas por quem eu tinha muito respeito. Desafiei a noção dela de incompetência universal no emprego apontando o bom trabalho que alguém tinha feito. Ela minimizou os seus esforços. Não estava interessada em elogiar os outros. O seu objectivo era derrubá-los.

> **Tarefa**
> Siga este conselho: "Mantenha-se afastado da sucção causada por aqueles que se deslocam para trás" – E. K. Piper.

Passado uns tempos, as queixas constantes começaram a ser um peso e comecei a achar insuportável estar ao pé dela. Além do mais, não queria que me considerassem culpada de ser uma "queixosa por associação". Por isso, acabei a amizade. Por vezes, a melhor forma de gerir uma relação "tóxica" é abandoná-la.

Escolha para amigos os colegas que partilham os seus valores.

Como lidar com uma festa de aniversário surpresa

Numa sociedade como a nossa, discriminatória em relação à idade, alguns colaboradores esforçam-se para minimizar a sua idade. Até cada vez mais homens estão a pintar o cabelo e a recorrer à cirurgia plástica para parecerem mais jovens.

Logo, a última coisa que querem é que alguém chame a atenção para a sua idade com uma festa no trabalho. Os organizadores de eventos deste tipo, geralmente colegas bem mais novos, acreditam que os festejos são a melhor forma de marcar os aniversários importantes. Como estão enganados!

Tarefa
Interrogue os seus colegas mais velhos sobre festas de aniversário. Se eles não as apreciarem, peça-lhes que enviem um *e-mail* ao organizador de eventos do escritório pedindo-lhe que acabe com as festas de aniversário.

Sei de colaboradores que tiraram o dia de folga para evitar que fossem identificados como tendo uma certa idade. Ou pressionaram os organizadores a cancelar os festejos.

Se teme o dia porque não consegue lidar com ele, relaxe e assuma o comando da cerimónia. Elabore uma lista de razões pelas quais ficar mais velho é melhor, do género das Listas de *Top-Ten* de David Letterman. Quando lhe pedirem que fale, leia a lista e faça valer cada palavra.

Por exemplo, poderá dizer: "Agora que tenho 55 anos, o meu QI ultrapassa o da pessoa que organizou esta festa."

Se assumir o controlo da festa, pode revelar a ideia como ela é: uma ideia muito má.

Mesmo que tenha de enfrentar uma festa de aniversário, ela continua a ser a sua festa. Assuma o controlo.

Um almoço terrível

Eu dou uma aula de etiqueta a crianças da escola primária na minha biblioteca local. Digo-lhes que é má educação falar com a boca cheia de comida ou assoarem-se à mesa. Quando almoço com colegas de trabalho, penso muitas vezes que deveria aumentar a idade máxima para a minha aula.

Alguns adultos têm modos estranhos à mesa. Enquanto almoçava com cinco colegas na cantina da empresa, quatro deles assoaram-se durante a refeição sem se virarem para o lado ou sem sequer dizerem "Com licença". Limpar o nariz à mesa está no topo da maior parte das listas de etiqueta como o pior que alguém pode fazer durante uma refeição.

Tarefa
Ofereça-se para dar uma aula de etiqueta durante a hora de almoço ou depois do trabalho.

A minha experiência deixou-me agoniada. Estive perto de desistir de almoçar com qualquer um dos meus colegas que se assoaram. Mas achei-os interessantes. E o almoço é uma altura fantástica para conhecer melhor os colegas e ficar a conhecer histórias da empresa.

Enquanto almoçava com um dos ofensores que tinha acabado de limpar o nariz, fiz-lhe notar que ele tornava difícil para mim enfrentar o meu iogurte. Ele pediu desculpas. E, no almoço seguinte, afastou-se para se assoar.

É desconfortável fazer notar os defeitos dos colegas; mas, se o preço de não o fazer notar for muito alto, falar é algo que deve a si mesmo.

> Quando as maneiras más e perturbadoras à mesa se interpõem entre si e um colega de quem gosta, aperfeiçoe as maneiras dele.

Lidar com quem interrompe constantemente

Quem interrompe constantemente é o "narcisista" do escritório. Acredita que as suas necessidades são as mais importantes e quer vê-las satisfeitas instantaneamente, e irá insistir para que o mundo assim o faça.

Uma colega insistiu uma vez em mostrar-me umas fotografias das férias em família quando estava a lidar com um prazo de entrega muito curto. Disse-lhe que as veria mais tarde. Passada uma hora, estava ainda a trabalhar arduamente, ela perguntou outra vez se queria ver as fotos. Mais uma vez, respondi-lhe que mais tarde.

Tarefa
Pense nalgumas frases eficazes que possa dizer aos que interrompem. Pratique-as com um colega.

Depois do terceiro pedido, tive de lhe dar uma resposta mais detalhada: "Como já disse, estou ocupada agora. Eu aviso-te quando estiver pronta para as ver."

Isto acabou com a insistência dela. Como prometido, quando acabei o meu trabalho, vi as fotografias.

Teria sido fácil recusar-me a ver as fotografias, uma vez que a colega era tão chata. Mas era importante para mim ser fiel à minha palavra. E queria mesmo partilhar a alegria dela com as fotografias.

Tem de marcar limites com quem interrompe constantemente, porque eles não os conseguem estabelecer. Em reuniões ou em conversas informais, tem de lhes pedir que parem de o interromper e, quando tem um prazo curto a cumprir, tem de exigir que eles suspendam as suas solicitações.

Se não estabelecer limites, o seu comportamento intrusivo irá conduzir a relação. E, a nível emocional, eles são demasiado jovens para estar ao volante.

Estabeleça limites para manter sob controlo quem interrompe contantemente.

Certifique-se de que o chefe conhece a sua versão da história

Uma assistente administrativa que trabalhava para Vernice, a proprietária da empresa de *marketing* de Kansas City, no Estado do Missouri, era a "queixinhas" do escritório e utilizava esse papel para exercer poder quando a chefe estava fora.

"Espera até Vernice saber disto", dizia ela frequentemente.

Tarefa

"A verdade abomina um vazio." Escreva este conselho consagrado num *post-it* e cole-o no seu computador como uma lembrança para se certificar de que o chefe ouve a sua versão da história.

Assim que Vernice voltava, a colaboradora corria para o escritório dela com uma lista das alegadas transgressões dos colegas. Ela estava a tentar marcar pontos às custas dos colegas.

Se o seu principal oponente no escritório for alguém assim, certifique-se de que visita o chefe de vez em quando para verificar o que ele ou ela tem ouvido. Um bom gestor vai ignorar as "queixas", mas outros podem levá-las a sério.

Quando tiver uma reunião com o chefe, não faça "queixas" para se vingar do seu colega. Enquadre a sua visita como uma altura para dar ao seu chefe actualizações sobre um projecto da equipa em que esteja a trabalhar, por exemplo. Mencione os desacordos com o seu colega. E diga-lhe como os resolveu. Isso deve mostrar ao chefe quem é o mensageiro de mais confiança.

> Um "queixinhas" é o "ângulo morto" do seu escritório. Alargue o seu campo de visão certificando-se de que o chefe conhece a sua versão da história.

(10)
Terminar com os rumores e os boatos

Neste capítulo irá aprender:

- a controlar os mexericos que minam as relações nas empresas
- a perceber como é que as intrigas podem corromper a sua organização

Acabe com os mexericos dos gestores sobre os colaboradores

Alguns gestores distinguem-se por perderem oportunidades, especialmente quando a oportunidade envolve o desenvolvimento da equipa. Trabalhei para gestores que se queixavam dos colaboradores de fraco desempenho a todos menos aos colaboradores em questão. Uma vez, quando estava a falar com um gestor no escritório dele, ele atendeu uma chamada de um colega que era conhecido por entregar relatórios atrasados e longos. Depois de uma discussão intensa, o gestor atirou com o telefone e disse, mesmo à minha frente: "Quer me dera que ele se despedisse."

Este tipo de conversa é incorrecto a vários níveis. Em primeiro lugar, não ajuda o colaborador a melhorar o seu desempenho. Segundo, este tipo de conversa faz com que os outros colaboradores se interroguem sobre o que é que os gestores dizem acerca deles.

Quando ouvir comentários como este, faça três perguntas ao gestor:

Informou o colaborador sobre o problema?
Se não, qual a razão?
Elaborou um plano de aperfeiçoamento?

Estas perguntas irão ajudar a transferir o enfoque da conversa do gestor sobre o desempenho dos seus colaboradores para o desenvolvimento da equipa, onde se deverá concentrar.

> Questione o supervisor de um colaborador que se está a esforçar sobre o plano de aperfeiçoamento.

Desencoraje os intriguistas

No contexto dos boatos de escritório, os intriguistas são alguns dos mais determinados e astutos. Reúnem informação através de meios furtivos para colocar os seus colegas na pior situação. Usam-na para obter vantagem sobre um rival a uma promoção. Plantam sementes de dúvida sobre as capacidades do outro. Como disse o filósofo e matemático britânico, Bertand Russell, "ninguém lança intrigas sobre as virtudes secretas de outra pessoa."

O *modus operandi* dos intriguistas consiste em posicionarem-se perto de uma conversa e sintonizarem-se como se estivessem numa missão de reconhecimento. De certa forma, estão mesmo. Tenha cuidado para não ajudar o intriguista.

> **Tarefa**
> Desafie um intriguista a dizer algo positivo sobre um dos seus alvos.

Preste atenção a quem está à sua volta quando estiver a discutir assuntos delicados com outro colega. Se tiver de fazer uma chamada sobre assuntos pessoais delicados, baixe o tom de voz. Se um intriguista com boa audição apanhar alguma coisa da sua conversa e mais tarde o interrogar sobre isso, diga-lhe que o assunto é privado e que espera que ele ou ela o respeitem como tal.

A melhor forma de lidar com intriguistas é certificar-se à partida que eles não ouvem qualquer informação privada sobre si. Por isso, se trabalha num cubículo, peça a um gestor para utilizar o seu escritório para fazer chamadas telefónicas sensíveis. Se isso não for possível, faça a chamada antes ou depois das horas de expediente, quando alguns ou ninguém estiver no escritório.

> Não se torne inconscientemente uma presa fácil para os intriguistas.

(11)
Devolva a paz à sua empresa

Neste capítulo irá aprender:

- como acabar com situações conflituosas
- como lidar com situações potencialmente prejudiciais

Forme os seus gestores na arte das conversas difíceis

Mesmo que seja um proprietário com participação activa, os seus gestores irão ter de enfrentar colaboradores difíceis a dada altura. Certifique-se de que os supervisores têm formação para enfrentar conversas "stressantes". Estas conversas são demasiado importantes para serem deixadas ao acaso.

Um gestor formado em resolução de conflitos não irá explodir e dizer algo que um colaborador possa interpretar como discriminação ou assédio sexual.

Tarefa
De vez em quando, aborde os seus gestores e pergunte-lhes como é que lidaram com uma situação difícil com um colaborador.

"Grande parte consiste na escolha das suas palavras, no seu tom de voz e em certificar-se de que aborda o desempenho, em vez de a fazer com que o colaborador se sinta ameaçado," diz Diane Pfadenhauer, a proprietária da Employment Practices Advisors de Northport, Nova Iorque.

Se a sua empresa tem um departamento de recursos humanos, peça aos especialistas do departamento para organizarem a formação. Ou, se consulta regularmente um advogado especializado em Direito do Trabalho, peça-lhe que elabore um seminário de um dia sobre como lidar com colaboradores difíceis. Basta cometer apenas um erro para levar a empresa a uma confusão legal. No entanto, basta apenas um pequeno investimento para evitar que isso aconteça.

> Forneça aos seus gestores os instrumentos de comunicação de que eles precisam.

Quando um colaborador problemático entrega a carta de demissão

Quando o meu filho partiu o braço em dois sítios, a melhor notícia que ouvi do ortopedista foi que o braço tinha "partido bem". Isso significou que não havia cortes irregulares, que eram mais difíceis de colocar no sítio e que levariam mais tempo a curar.

No local de trabalho, os gestores "rezam" para que as coisas "terminem bem" quando colaboradores insatisfeitos entregam uma carta de demissão.

Tarefa
Desafie um intriguista a dizer algo positivo sobre um dos seus alvos.

Nessa altura, tem algumas perguntas duras a fazer? O risco de sabotagem de equipamento ou de projectos é uma possibilidade, agora que eles não têm nada a motivá-los no trabalho? Se a resposta for "sim", talvez queira que os colaboradores arrumem as suas coisas e se vão embora imediatamente. Mas se fizer isso, ofereça-se para lhes pagar o tempo que eles ainda esperavam ficar depois de apresentarem a demissão. Vai estar a garantir que os colaboradores recebem o último salário que esperavam e que terá paz de espírito.

Algumas empresas poderão recusar estes salários, pois encaram-nos como uma forma de extorsão. Mas acabam por desperdiçar tempo e dinheiro a lutar contra processos judiciais de colaboradores tempestuosos que estão ainda com pior temperamento devido à forma como a sua saída foi efectuada. A "dor de cabeça" de que os empresários julgaram que se iam livrar assim que os colaboradores saíssem regressa com uma vingança.

Se tomar medidas drásticas para restaurar a normalidade do escritório depois de colaboradores difíceis apresentarem a demissão, certifique-se de que a estratégia funciona para todos os que estão envolvidos. De outra forma, irá enfrentar um "divórcio" penoso e um longo processo de recuperação.

> Quando um colaborador difícil quiser sair da empresa, certifique-se de que o processo de despedida funciona para ambos.

Retire um elemento da equipa, caso necessário

Vernice Givens, a proprietária de uma empresa de *marketing* de Kansas City, pediu à sua assistente que elaborasse um primeiro esboço de uma brochura que seria incluída nos panfletos da empresa.

Depois de elaborar o esboço, esta colaboradora devia enviá-lo aos seus colegas de equipa para obter comentários, mas esperou até á última hora para realizar o esboço inicial. Os seus colegas de equipa tiveram então que se apressar com o esboço para cumprir o próximo prazo de entrega. Isso perpetuou uma cadeia de eventos que resultou de um esforço inicial inferior. Não era a primeira vez.

Tarefa
Se receia retirar um elemento da equipa, interrogue-se se se despediria a si mesmo se desempenhasse de uma forma semelhante. Se a resposta for um "sim" categórico, deve agir.

Vernice tinha falado várias vezes com a colaboradora sobre a importância de se manter um ritmo de trabalho com as tarefas complexas. Mas a colaboradora, confiante de mais, negligenciou repetidamente tarefas importantes até à última hora. Esta situação, associada a outros problemas, levou Vernice a dispensá-la.

Se um colaborador não melhora depois de lhe facultar *coaching* ou de lhe atribuir um projecto mais adequado, então tem que considerar a retirada desse elemento da equipa, ou a sua demissão, diz Joanne Sujansky, fundadora e *president* do Key Group, uma consultora de Pittsburg sobre o local de trabalho.

Se mantiver demasiado tempo o colaborador que não tem o melhor desempenho, arrisca-se a desmoralizar outros elementos da equipa, prejudicando a produtividade e, pior ainda para si, arrisca-se a parecer um líder fraco.

> Quando os elementos não dão o seu melhor à equipa, estão a empurrá-la para baixo e poderão ter de a abandonar.

Corte pela raiz o favoritismo dos gestores

O favoritismo conduz frequentemente a ter os colaboradores errados em funções, por vezes com consequências trágicas. Michael Brown, o antigo director da Federal Emergency Management Agency (FEMA), tinha pouca experiência na gestão de emergências quando assumiu o comando da agência.

O seu antecessor, que era também um amigo de longa data, recomendou-o para o trabalho. Brown demitiu-se depois das críticas ferozes acerca dos esforços de ajuda humanitária da FEMA no seguimento do Furacão Katrina.

> **Tarefa**
> Quando um gestor recomendar um amigo para um trabalho, peça-lhe pelo menos dois outros candidatos que não tenham qualquer relação com ele.

Os seus gestores podem estar ansiosos por se rodearem de colaboradores leais ou amigos de longa data. Não há nada errado nesse plano, desde que siga o objectivo de encontrar a melhor pessoa para o trabalho. Mas se as perspectivas limitadas boicotam as suas tentativas de trazer diversidade para o escritório e de encontrar os mais qualificados, diga aos gestores que alarguem os seus horizontes. Quando estes recomendam candidatos, avalie as escolhas e compare-as com outros que foram entrevistados para o trabalho. Incline-se sempre mais para o talento do que para a familiaridade.

> Certifique-se de que o favoritismo não corrompe o seu processo de contratação.

Transfira os gestores agressivos

Os executivos com uma visão têm objectivos transparentes. Têm também ideias claras sobre o tipo de gestores que querem para concretizar esses objectivos.

Assim sendo, depois de ter assumido um departamento numa grande empresa de telecomunicações, uma gestora entrevistou todos os seus colaboradores para ficar a conhecer as suas preocupações. O nome de uma supervisora difícil surgiu repetidamente.

Tarefa
Tenha sessões de "Café com o Chefe" uma vez por outra, para perguntar aos colaboradores quais as suas preocupações.

Ela era conhecida por "sabotagem". Quando ficava zangada, muitas vezes ia-se embora e deixava o seu trabalho para que os outros o fizessem. Forçou colegas a comparecer a reuniões como seus representantes sem lhes dar qualquer informação sobre o assunto. Culpava constantemente os outros pelos erros dela.

Pouco depois das entrevistas terminadas, a chefe de departamento transferiu essa colaboradora para uma posição fora da gestão, para satisfação daqueles que tinham trabalhado para ela.

Um gestor agressivo pode libertar uma epidemia de males no seu escritório: absentismo, baixa produtividade, elevada rotação de pessoal e ressentimentos latentes. Transfira-o de cargo ou mande-o embora.

> Inventariar o seu negócio também deve passar por fazer um levantamento dos seus gestores.

Estabeleça regras para reuniões de equipa conflituosas

O trabalho em equipa pode ser uma experiência revigorante. A abundância de ideias e a possibilidade de resolver um problema ou de criar novos produtos são situações inebriantes. Uma equipa em pleno funcionamento é uma verdadeira potência.

"Uma equipa, quando trabalha eficazmente, pode tomar melhores decisões, resolver problemas mais complexos e fazer mais para realçar a criatividade e desenvolver competências do que indivíduos trabalhando sozinhos," escreve o perito em Gestão Ken Blanchard em *Um nível superior de liderança**.

> **Tarefa**
> Depois de cumprido um prazo, enumere os prós e os contras da sua equipa actual para determinar que alterações tem de fazer.

Mas uma equipa pode ser também uma fonte de pura frustração. Quando os colegas de equipa que não têm um desempenho suficiente não conseguem respeitar os prazos ou produzem trabalho que não seja decididamente algo de extraordinário, anulam as vantagens de trabalhar com uma unidade. Como líder de equipa, pode ver-se forçado a tomar medidas correctivas à medida que um prazo se aproxima, que está muito em jogo e que a pressão aumenta. As reuniões de equipa nestas alturas podem ser bastante complicadas.

"Os prazos podem fazer emergir o pior das pessoas", diz Joanne, a consultora de Pittsburg. Em vez de se concentrar nos pontos negativos dos colegas de equipa quando os processos falham à última hora, concentre-se nos pontos fortes desses elementos. Irá dar-lhes energia.

---

* **N.T.** Publicado pela Actual Editora em 2007.

(184) Como gerir pessoas difíceis

"É sempre melhor que todos se sintam capacitados e que estejamos a trabalhar com eles para determinar como iremos concretizar o objectivo", diz Sujansky. As conversas difíceis sobre desempenho devem esperar até que o prazo a cumprir tenha passado.

> Ao restaurar a unidade de uma equipa, decida o que esta precisa e quando o precisa.

Revelar os traiçoeiros

Os traiçoeiros são as "térmitas" do escritório. Fazem grandes estragos nos bastidores. Vivem para prosperar à custa dos outros. O seu *modus operandi* consiste em falar ao chefe em seu favor enquanto dizem mal de outros. Falam primeiro e verificam os factos depois, se é que o chegam a fazer. A forma de acabar com os seus modos nocivos é desafiá-los. Raramente aguentam a frontalidade.

Um colega conhecido por espalhar intrigas maldosas anunciou a um grupo de colegas, incluindo Sherry, que o proprietário da cantina da empresa maltratava a mulher. Alguns elementos do grupo referiram que talvez devessem pensar duas vezes antes de se tornarem clientes fiéis da cantina. Sherry perguntou ao intriguista em que é que ele baseava a sua conclusão, já que o homem falava com a mulher em Árabe. A língua tem alguns sons mais elevados que poderiam deixar a impressão que as pessoas estão a discutir mesmo quando não estão. Ele não soube responder.

> **Tarefa**
> Use o seguinte como inspiração: "A maior homenagem que podemos fazer à verdade é usá-la" – Ralph Waldo Emerson.

Os traiçoeiros raramente sobrevivem a confrontos directos. Por isso é que se chamam traiçoeiros. Se não os confrontar, acabará por se tornar um alvo.

> A melhor forma de controlar um traiçoeiro é fazendo-o sair da toca com o fumo da verdade.

Controle as invejas

Menos de duas horas depois de ter começado a sua nova função como CEO da gigante farmacêutica Pfizer Inc., Jeffrey B. Kindler começou a resolver problemas políticos. Segundo o *Wall Street Journal*, estendeu a mão a dois rivais que perderam para ele.

"Preciso da vossa ajuda. A empresa precisa da vossa ajuda", disse-lhes Kindler.

> **Tarefa**
> Envie um nota de agradecimento a um colega que perdeu uma promoção para si. Diga-lhe que está ansioso por tê-lo na sua equipa.

Mesmo a níveis superiores, os executivos têm de trabalhar para controlar as invejas. Os colaboradores em níveis mais baixos têm de fazer o mesmo. Se vencer um colega numa promoção, tem alguns problemas para resolver, especialmente se continuar a trabalhar perto desse colega. Transforme o "veneno" em "mel", pedindo frequentemente conselhos ao colaborador e agradecendo-lhe por ele lhos dar. Leve o colega a almoçar e lembre-o do quanto são importantes as contribuições dele para a empresa.

Pode não conseguir evitar sentimentos de inveja, mas pode ajudar a transformá-los em emoções que sejam úteis para si e para os seus colegas.

> Uma inveja controlada tem menos tendência a morder.

Se tiver que ser, evite tópicos controversos

Depois de uma animada reunião de departamento ter acabado, Kenneth e alguns colegas continuaram a discussão em pequenos grupos no *hall* de entrada. Um colega dirigiu-se ao grupo de Kenneth e entrou bruscamente na conversa. Descarregou as suas opiniões fortes, virou-se e apressou-se a ir embora. O grupo ficou estupefacto. Esperavam que, pelo menos, ficasse para ouvir as suas opiniões sobre o assunto. Evidentemente, não estava interessado em quaisquer outras opiniões.

Alguns colegas são quase fanáticos no que toca a certas questões. E não têm qualquer tolerância para com desacordos. Ficam agitados, atacam o dissidente ou simplesmente desaparecem furiosos. A sua perspectiva intransigente abrange uma variedade de tópicos que inclui a educação das crianças, dietas, exercício físico, religião ou política.

Tarefa
Como inspiração: "Lembre-se sempre de ligar os seus pensamentos à ocasião presente" – William Penn

---

Alguns acham que é necessária uma grande coragem para investir numa discussão conflituosa para tentar converter um partidário. E afastar-se de tópicos controversos parece-lhes uma cobardia. O contrário é que é verdade. É preciso muita coragem para aceitar que não consegue ter uma conversa racional com um colega que é de ideias fixas. Portanto, assim que descobrir os tópicos sensíveis para ele, evite-os como se fossem uma peste.

Mantenha-se afastado de certos tópicos com colegas fanáticos.

Sobre a Autora

Carrie Mason-Draffen é jornalista e colunista do *Newsday*, um jornal diário sediado em Long Island, Nova Iorque. Ela escreve uma coluna para uma rede de jornais intitulada "Help Wanted" ("Precisa--se de Ajuda"), que é publicada em vários jornais do país.

Através da sua coluna, ajudou centenas de colaboradores e gestores a encontrar soluções para os problemas de um local de trabalho difícil. Vive em Nova Iorque com o seu marido e os seus três filhos.

Gostou deste livro? Oferecemos-lhe a oportunidade de comprar outros dos nossos títulos com 10% de desconto. O envio é gratuito (correio normal) para Portugal Continental e Ilhas.

	Título	Preço
☐	*Sociedade Pós-Capitalista* Peter F. Drucker	19 € + iva = 19,95 €
☐	*Liderança Inteligente* Alan Hooper e John Potter	19 € + iva = 19,95 €
☐	*O que é a Gestão* Joan Magretta	19 € + iva = 19,95 €
☐	*A Agenda* Michael Hammer	19 € + iva = 19,95 €
☐	*O Mundo das Marcas* Vários	20 € + iva = 21,00 €
☐	*Vencer* Jack e Suzy Welch	21 € + iva = 22,05 €
☐	*Como Enriquecer na Bolsa* Mary Buffett e David Clark com Warren Buffett	14 € + iva = 14,70 €
☐	*Vencer* (áudio) Jack e Suzy Welch	15 € + iva = 18,15 €
☐	*O Diário de Drucker* (versão capa mole) Peter Drucker com Joseph A. Maciarello	19 € + iva = 19,95 €
☐	*O Mundo é Plano* Thomas L. Friedman	20 € + iva = 21,00 €
☐	*O Futuro é Hoje* John C. Maxwell	19 € + iva = 19,95 €
☐	*Vencedores Natos* Robin Sieger	19 € + iva = 19,95 €
☐	*Nunca Almoce Sozinho* Keith Ferrazzi com Tahl Raz	19 € + iva = 19,95 €
☐	*Sou Director, e Agora?* Thomas J. Neff e James M. Citrin	19 € + iva = 19,95 €
☐	*O Meu Eu e Outros Temas Importantes* Charles Handy	19 € + iva = 19,95 €
☐	*Buzzmarketing* Mark Hughes	19 € + iva = 19,95 €
☐	*A Revolução da Riqueza* Alvin e Heidi Toffler	21 € + iva = 22,05 €
☐	*A Cauda Longa* Chris Anderson	20 € + iva = 21,00 €
☐	*Vencer: As Respostas* Jack e Suzy Welch	19 € + iva = 19,95 €
☐	*Um Nível Superior de Liderança* Ken Blanchard	19 € + iva = 19,95 €
☐	*Know-How* Ram Charan	19 € + iva = 19,95 €
☐	*Mavericks no trabalho* William C. Taylor e Polly LaBarre	20 € + iva = 21,00 €

Colecção Espírito de Negócios

	Título	Preço
☐	*Gestão do Tempo* Polly Bird	18 € + iva = 18,90 €
☐	*O Poder do Pensamento Positivo nos Negócios* Scott W. Ventrella	18 € + iva = 18,90 €
☐	*A Arte da Liderança Pessoal* Randi B. Noyes	18 € + iva = 18,90 €
☐	*Comunicar com Sucesso* Perry Wood	18 € + iva = 18,90 €
☐	*Persuasão* Dave Lakhani	18 € + iva = 18,90 €
☐	*Como destruir uma empresa em 12 meses… ou antes* Luis Castañeda	18 € + iva = 18,90 €
☐	*Ler Depressa* Tina Konstant	18 € + iva = 18,90 €
☐	*Como gerir pessoas difíceis* Carrie Mason Draffen	18 € + iva = 18,90 €

Colecção Harvard Business School Press

	Título	Preço
☐	*Visão Periférica* George S. Day e Paul J.H. Schoemaker	20 € + iva = 21,00 €
☐	*Questões de Carácter* Joseph L. Badaracco, Jr.	20 € + iva = 21,00 €
☐	*A estratégia Oceano Azul* W. Chan Kim e Renée Mauborgne	20 € + iva = 21,00 €
☐	*Síndrome do Macho Alfa* Kate Ludenman e Eddie Erlandson	20 € + iva = 21,00 €

Colecção Jovem Empreendedor

	Título	Preço
☐	*Por que é que os empreendedores devem comer bananas* Simon Tupman	19 € + iva = 19,95 €

Colecção Conceitos Actuais

	Título	Preço
☐	*Afinal quem são "eles"?* B.J. Gallagher e Steve Ventura	16 € + iva = 16,80 €
☐	*O Tao de Warren Buffett* Mary Buffett e David Clark	12 € + iva = 12,60 €
☐	*As leis "não escritas" da gestão* W.J. King (actualização de G. Skakoon)	12 € + iva = 12,60 €

Total	
10% desconto	
Custo Final	

Pode enviar o pagamento por cheque cruzado, ao cuidado de **Conjuntura Actual Editora, L. da** para a seguinte morada:
Caixa Postal 180 | Rua Correia Teles, 28-A | 1350-100 Lisboa | Portugal
Por favor inclua o nome completo, morada e número de contribuinte.

Para mais informações sobre os nossos livros consulte o nosso *site*:
www.actualeditora.com